Noite escura

Dados Internacionais de Catalogação na Publicação (CIP)
(Câmara Brasileira do Livro, SP, Brasil)

João da Cruz, São, 1542-1591.
　　Noite escura / São João da Cruz; tradução das Carmelitas Descalças do Convento de Santa Teresa, do Rio de Janeiro. – 6. ed. – Petrópolis, RJ : Vozes, 2014.

　　11ª reimpressão, 2024.

　　ISBN 978-85-326-3638-6

　　1. Espiritualidade 2. Meditações 3. Misticismo 4. Poesia religiosa I. Título

08.00406　　　　　　　　　　　　　　　　CDD-248.22

Índices para catálogo sistemático:

1. Misticismo : Cristianismo　　248.22

São João da Cruz

Noite escura

Tradução das Carmelitas Descalças do Convento de
Santa Teresa, do Rio de Janeiro

Petrópolis

Tradução do original em espanhol intitulado *Noche oscura del alma*

© desta tradução:
2008, Editora Vozes Ltda.
Rua Frei Luís, 100
25689-900Petrópolis, RJ
www.vozes.com.br
Brasil

Texto extraído das *Obras Completas de São João da Cruz*, Petrópolis, Vozes, em coedição com Carmelo Descalço do Brasil, 7. ed., 2002, organizadas por Frei Patrício Sciadini, O.C.D.

Texto Base original
Obras Completas de San Juan de la Cruz (Texto crítico-popular), editadas por P. Simeón de la Sagrada Família, O.C.D., Burgos, Tipografia da Editora "El Monte Carmelo", 1972.

Todos os direitos reservados. Nenhuma parte desta obra poderá ser reproduzida ou transmitida por qualquer forma e/ou quaisquer meios (eletrônico ou mecânico, incluindo fotocópia e gravação) ou arquivada em qualquer sistema ou banco de dados sem permissão escrita da editora.

CONSELHO EDITORIAL	PRODUÇÃO EDITORIAL
Diretor	Aline L.R. de Barros
Volney J. Berkenbrock	Jailson Scota
	Marcelo Telles
Editores	Mirela de Oliveira
Aline dos Santos Carneiro	Natália França
Edrian Josué Pasini	Otaviano M. Cunha
Marilac Loraine Oleniki	Priscilla A.F. Alves
Welder Lancieri Marchini	Rafael de Oliveira
	Samuel Rezende
Conselheiros	Vanessa Luz
Elói Dionísio Piva	Verônica M. Guedes
Francisco Morás	
Gilberto Gonçalves Garcia	
Ludovico Garmus	
Teobaldo Heidemann	

Secretário executivo
Leonardo A.R.T. dos Santos

Diagramação: AG.SR Desenvolv. Gráfico
Capa: Juliana Teresa Hannickel
Ilustração de capa: Cláudio Pastro

ISBN 978-85-326-3638-6

Este livro foi composto e impresso pela Editora Vozes Ltda.

NOITE ESCURA

Explicação das canções que descrevem o modo que tem a alma no caminho espiritual para chegar à perfeita união de amor com Deus, tanto quanto é possível nesta vida. Também são declaradas as propriedades características de quem chegou à dita perfeição, conforme se acham contidas nas mesmas canções.

Sumário

Apresentação, 11

Introdução, 19

Prólogo, 21

Livro primeiro
Em que se trata da noite do sentido

Capítulo I, 27
Põe-se o primeiro verso, começando a tratar das imperfeições
dos principiantes.

Capítulo II, 29
Trata de algumas imperfeições que têm os principiantes acerca
do hábito da soberba.

Capítulo III, 34
Trata de algumas imperfeições que costumam ter alguns destes
principiantes acerca do segundo vício capital, a avareza,
espiritualmente falando.

Capítulo IV, 36
De outras imperfeições que costumam ter estes principiantes
acerca do terceiro vício, que é a luxúria.

Capítulo V, 40
Imperfeição em que caem os principiantes acerca do
vício da ira.

Capítulo VI, 42
Das imperfeições na gula espiritual.

Capítulo VII, 46
Imperfeições que provêm da inveja e preguiça espiritual.

Capítulo VIII, 49
Exposição do primeiro verso da canção primeira, e início da explicação desta noite escura.

Capítulo IX, 52
Sinais para reconhecer quando o espiritual caminha nesta noite e purificação sensitiva.

Capítulo X, 58
Como devem proceder os principiantes nesta noite escura.

Capítulo XI, 61
Explicação dos três versos da canção.

Capítulo XII, 65
Proveitos trazidos à alma por esta noite.

Capítulo XIII, 71
Outros proveitos causados na alma por esta noite do sentido.

Capítulo XIV, 76
Declara-se este último verso da primeira canção.

Livro segundo
Da noite escura do espírito

Capítulo I, 81
Começa-se a tratar da noite escura do espírito. Diz-se a que tempo começa.

Capítulo II, 84
Outras imperfeições próprias aos adiantados.

Capítulo III, 87
Anotação para o que se segue.

Capítulo IV, 89
Põe-se a primeira canção e sua declaração.

Capítulo V, 91
Põe-se o primeiro verso, começando a explicar como esta contemplação obscura é para a alma não somente noite, mas também pena e tormento.

Capítulo VI, 95
Outras maneiras de sofrimento que a alma padece nesta noite.

Capítulo VII, 99
Continuação do mesmo assunto: outras aflições e angústias da vontade.

Capítulo VIII, 105
Outras penas que afligem a alma neste estado.

Capítulo IX, 109
Explica-se como esta noite é destinada a esclarecer e dar luz ao espírito, embora o obscureça.

Capítulo X, 116
Por uma comparação, explica-se em seu fundamento esta purificação da alma.

Capítulo XI, 121
Começa-se a explicar o segundo verso da canção primeira. Diz-se como a alma, por fruto destes rigorosos padecimentos, acha-se inflamada em veemente paixão de amor divino.

Capítulo XII, 125
Declara-se como esta horrível noite é purgatório, e como, por meio dela, a divina Sabedoria ilumina os homens na terra com a mesma luz com que purifica e ilumina os anjos do céu.

Capítulo XIII, 129
Outros saborosos efeitos produzidos na alma por esta noite escura de contemplação.

Capítulo XIV, 135
São expostos e explicados os três últimos versos da primeira canção.

Capítulo XV, 138
Põe-se a canção segunda e sua declaração.

Capítulo XVI, 140
Explica-se como a alma, caminhando nas trevas, vai segura.

Capítulo XVII, 148
Explica-se como esta contemplação obscura é secreta.

Capítulo XVIII, 153
Declara-se como esta sabedoria secreta é também escada.

Capítulo XIX, 156
Começa a explicação dos dez degraus da escada mística do amor divino, segundo S. Bernardo e Sto. Tomás: são expostos os cinco primeiros.

Capítulo XX, 161
São expostos os outros cinco degraus de amor.

Capítulo XXI, 165
Explica-se a palavra "disfarçada" e dizem-se as cores do disfarce da alma nesta noite.

Capítulo XXII, 171
Explica-se o terceiro verso da canção segunda.

Capítulo XXIII, 172
Explicação do quarto verso. Descreve-se o admirável esconderijo em que é posta a alma nesta noite, e como o demônio, embora penetre em outros lugares muito elevados, não pode entrar neste.

Capítulo XXIV, 179
Termina a explicação da canção segunda.

Capítulo XXV, 181
Explica-se a canção terceira.

Apresentação

Faustino Teixeira
PPCIR/UFJF

João da Cruz (1542-1591) é um dos grandes expoentes da poesia mística de todos os tempos. Na visão de um de seus mais clássicos comentadores, Damaso Alonso, a sua poesia suscita admiração e silêncio. São poemas de tal densidade e complexidade que se encontram entre "os mais complexos de toda a literatura espanhola"[1]. A força inaugural de sua reflexão encontra-se na poesia, embora tenha também deixado um grande legado no âmbito da prosa, que na verdade resume-se a comentários ou explicações de sua poesia. O primeiro e fervoroso impulso veio com a poesia, e só depois sua reordenação analítica. A voz lírica é que abre as asas de sua reflexão, fazendo brotar a mística que pulsava no seu mundo interior. O "tratadista teológico" aparece num segundo momento. São ensinamentos doutrinais que "permanecem pálidos diante das certezas gozosas e indizíveis" que o místico-poeta consegue "comunicar com absoluta liberdade em sua poesia"[2].

Um traço distintivo da perspectiva mística de João da Cruz, nem sempre frequente na tradição católica, é o amor

---

1. ALONSO, Damaso. *La poesía di San Giovanni della Croce*. Roma: Abete, 1958, p. 12.

2. LÓPEZ-BARALT, Luce. *Asedios a lo indecible* – San Juan de la Cruz canta al éxtasis transformante. Madri: Trotta, 1998, p. 31.

pelo todo e uma surpreendente "adesão à beleza cósmica". É um místico-poeta que desperta "a nostalgia do mistério das coisas" e a gratuidade do Real. No universo dinâmico de seu "êxtase transformante" todas as coisas são absorvidas na alma, cantadas em sua dignidade, "descobertas em Deus e amadas apaixonadamente em sua grandeza"[3]. Na bela imagem cunhada pela pensadora espanhola, Maria Zambrano, o místico João da Cruz reproduz a autofagia da crisálida, que desfaz seu casulo e ganha asas para "atravessar os umbrais da vida". Trata-se de uma "fecunda destruição": a radical ruptura de todos os apegos para poder habitar o universo inteiro. Não se trata, em hipótese alguma, de um abandono da realidade, mas de um adentrar-se nela, de navegar a fundo em sua espessura. É toda a beleza cósmica que vem despertada na esplêndida experiência mística de João da Cruz: os "vales nemorosos", os "rios sonorosos" e os "ares amorosos". Na ousada aventura da "saída" mística de João da Cruz não é o nada ou o vazio que ele encontra, mas a densidade das coisas, percebidas em sua profunda ligação com o mistério sempre maior. Trata-se de um encontro que só a poesia consegue traduzir, e de uma forma única e singular: "tudo, tudo está presente com uma fragrância como recém saída das mãos do criador"[4].

Os estudiosos de João da Cruz reconhecem que uma das criações poéticas mais geniais criadas pelo místico espanhol é a obra *Noite escura*. É onde talvez se encontre o seu "achado" mais significativo e profundo. É do vocábulo "noite" que "brotam o lirismo, o simbolismo e o mais secreto de sua mística, que

---

3. BARUZI, Jean. *San Juan de la Cruz y el problema de la experiencia mística.* Valladolid: Junta de Castilla y Leon, 2001, p. 665 (e também p. 645 e 653). Cf. ainda MOREL, Georges. *Le sens de l'existence selon saint Jean de la Croix.* Paris: Aubier, 1960, p. 15 e 48 (Livre I – Problematique).

4. ZAMBRANO, Maria. *Algunos lugares de la poesía.* Madri: Trotta, 2007, p. 129.

incorpora uma intuição do universo"[5]. As oito estrofes do poema que abrem a obra expressam um dos mais inflamados e apaixonados itinerários de amor da lírica espanhola. Elas traduzem o movimento que vai unindo a amada e o Amado, tendo a noite como mediadora e guia. É um "poema rico e misterioso que não pode ser reduzido a um sentido puramente profano ou sagrado. Sua arte transcende a divisão e enriquece a ambos, como poema de amor que funde suas raízes na experiência humana, mas que ao mesmo tempo abraça o divino"[6]. Como singular poeta, João da Cruz tem o dom e a arte de transfigurar as coisas, de abrir os olhos dos leitores para o outro mundo que habita o mundo, facultando a percepção de sua verdadeira beleza. A lírica moderna herdou de poetas religiosos como Dante e João da Cruz a capacidade única de refletir a "experiência mística por meio de imagens do mundo sensível" e "conferir a força da carne e do desenvolvimento temporal às experiências espirituais"[7]. Em Dante encontramos a imagem vivida de uma Beatriz que "caminha, sorri e suspira", incorporando as "alegorias atemporais da Amada perfeita". Igualmente João da Cruz apresenta-nos um Amado que dorme no "peito florido" da amada, sendo por ela carinhosamente afagado.

A obra *Noite escura* ganha seu título da expressão que aparece no primeiro verso do poema: "Em uma noite escura". Ela é composta por um poema de oito estrofes seguida de um longo comentário, ou declaração em prosa.

---

5. BARUZI, Jean. *San Juan de la Cruz y el problema de la experiencia mística.* Op. cit., p. 289-290. E também PACHO, Eulogio. Noche oscura del alma. In: PACHO, Eulogio (org.). *Diccionario de San Juan de la Cruz.* Burgos: Monte Carmelo, 2000, p. 1.033.

6. THOMPSON, Colin T. *Canciones en la noche* – Estudio sobre San Juan de la Cruz. Madri: Trotta, 2002, p. 140.

7. SPITZER, Leo. *Três poemas sobre o êxtase.* São Paulo: Cosac & Naify, 2003, p. 80 e 82.

Assim como ocorre em outra obra, *Subida do Monte Carmelo*, os comentários que dão sequência ao poema permanecem inconclusos. A obra foi interrompida sem o remate que se esperava. Somente as duas primeiras estrofes do poema serão comentadas pelo místico. A terceira estrofe recebe apenas uma apresentação sumária ou geral, antes da interrupção da obra. As razões que motivam tal circunstância permanecem ainda marcadas por mistério[8]. Há também que assinalar a diferença que marca tais comentários, se comparados com aqueles do *Cântico espiritual*, tanto com respeito ao seu conteúdo como forma estrutural e literária. A composição do poema aconteceu primeiro, provavelmente entre o final de 1578 ou início de 1579. Já os comentários foram desenvolvidos posteriormente, no período em que João da Cruz esteve em Granada (1582-1588), embora já esboçados ou iniciados mesmo antes. Os versos do poema traduzem vivamente a experiência que o místico viveu por quase nove meses no cárcere conventual carmelitano de Toledo, desde dezembro de 1577, bem como sua fuga, ocorrida em agosto de 1578. Há um lapso de tempo relativamente breve entre a fuga da prisão e o início da redação do poema. Na dinâmica simbólica que envolve o poema não está excluída a experiência histórica e dramática do místico carmelitano: "em sua fantasia de poeta, a realidade desnuda e dolorosa daquela treva carcerária e daquela disfarçada fuga perde, pouco a pouco, os contornos reais e se transmuta paulatinamente em visão alegórica, com perspectiva cada vez menos definida e projeção muito mais ampla"[9].

---

8. ALONSO, Damaso. *La poesía di San Giovanni della Croce*. Op. cit., p. 130.

9. PACHO, Eulogio. *San Juan de la Cruz* – Historia de sus escritos. Burgos: Monte Carmelo, 1998, p. 161. • PACHO, Eulogio. Noche oscura. In: PACHO, Eulogio (org.). *Diccionario de San Juan de la Cruz*. Op. cit., p. 1.018-1.019.

Entre os principais influxos sofridos por João da Cruz na redação da *Noite* encontra-se o clássico epitalâmio *Cântico dos Cânticos*. Este texto bíblico que faz parte do cânone dos livros inspirados, seja na tradição judaica como cristã, é um dos mais belos e preciosos testemunhos de celebração do amor de todos os tempos. Também este Cântico fala da saída da amada pela noite em busca do Amado de sua vida (Ct 3,1-4). A mesma imagem abre a obra de João da Cruz analisada: a amada que sai, numa noite escura, com "vivas ânsias inflamada", em busca do Amado que "bem conhecia" (N 1 e 4).

O poema de João da Cruz pode ser dividido em três partes. Nas quatro primeiras estrofes (I-IV) aborda-se a peregrinação da amada na noite escura e ditosa, que parte para o Amado guiada pela luz que em seu coração ardia. Na quinta estrofe (V) celebra-se a chegada da amada no "sítio onde ninguém aparecia" e o festejado anúncio da união mística: "Oh! noite que juntaste Amado com amada, amada já no Amado transformada". A cena mesma da união acontece nas últimas três estrofes do poema. É o momento de maior densidade lírica, onde fala a força do poeta, com a presença de imagens de uma intensidade inusitada.

Uma chave essencial para se compreender o clássico poema de João da Cruz é buscar aproximar-se de sua simbologia da noite. Trata-se de uma das criações mais originais e rigorosas de seu pensamento místico, de uma complexidade singular. O que caracteriza um símbolo é a impossibilidade de sua tradução. Como mostrou com acerto Jean Baruzi, o símbolo "quase nunca se realiza em sua essência". Ele guarda uma relação intransponível com uma experiência e vem acompanhado de um complexo de sentimentos que suscitam imagens sempre novas e contrastantes. Não há como capturar radicalmente o seu significado, ele sempre escapa. A essência metafísica do autêntico simbolismo místico envolve a quebra ou expulsão de imagens com imagens. O símbolo nunca figura uma experiência, como ocorre com um signo ordinário, embora sempre esteja vinculado a ela, suscitando sentimentos que busquem expressá-la[10]. Para João da Cruz, o símbolo da noite traduz uma "profundidade estelar", e expressa um "estado de ânimo" muito particular, que indica as "obscuras" e misteriosas vias que encaminham a amada para a doce e serena união divina[11]. A noite torna-se para o místico espanhol "um símbolo intraduzível, capaz de gerar novas situações e emoções que se captam paulatinamente: de início, apenas o ambiente em que a alma solitária começa sua jornada arriscada; agora, o guia e (além de toda tradução) a mediadora entre o amante e o amado. A própria noite é atraída para a esfera de amar: *noche amable*"[12].

Um traço que une João da Cruz a outros tantos místicos é a "desnaturação da linguagem", ou seja, em razão de uma "manipulação técnica", a linguagem deixa de reproduzir ou imitar as coisas e passa a ser modelada pela paixão de quem vive uma experiência inefável. Daí os contrastes que acompanham a poesia mística, marcada por paradoxos e oximoros. É uma linguagem que se insinua, que busca "mostrar" algo que deve permanecer escondido e resguardado. Trata-se de uma linguagem que sugere um mistério, que aponta para um "no sé qué" (CB 7) que transcende ilimitadamente as alegorias ordinárias da experiência. Daí a dialética da noite escura que é também ditosa, dos vivos contrastes entre a obscuridade da noite com a luz das chamas que ardem no coração.

---

10. BARUZI, Jean. *San Juan de la Cruz y el problema de la experiencia mística.* Op. cit., p. 337-342.

11. ALONSO, Damaso. *La poesía di San Giovanni della Croce.* Op. cit., p. 64.

12. SPITZER, Leo. *Três poemas sobre o êxtase.* Op. cit., p. 68.

As últimas três estrofes da *Noite* são de uma beleza esplendorosa. É o momento onde transparece a força tátil do "poeta das carícias" que é João da Cruz. São preciosas liras preenchidas por imagens "intensamente perfumadas" e sublimes, que formam uma rica atmosfera estética. A fragrância dos versos remete ao ambiente alegórico do Cântico dos Cânticos, com seus cedros, ameias e açucenas. Há também uma semelhante representação erótica, com imagens magníficas que intercambiam delicadezas entre a amada e o Amado. Como é bela a cena onde no peito florido da amada o Amado deixa-se quedar adormecido (N 6). Não há melhor caminho para falar da união do humano com o divino que a alegoria do amor humano. E João da Cruz é um mestre no manejo dessa arte. O místico espanhol "refugia-se nas alegorias do amor humano, perdendo-se na música, inebriando-se com os densos e acurados aromas, exaltando-se entre as rosas e todas as cores que envolvem o mundo imaginário do Cântico dos Cânticos"[13]. As últimas estrofes traduzem poeticamente a experiência do alto grau de amor na profundidade noturna. Os amantes encontram-se entre as ameias, mais próximos do movimento dos astros e distanciados dos superficiais rumores do cotidiano. Ali a vida "permanece suspensa" e os amantes podem sentir o vigor dos "ares amorosos". Vale recordar que para João da Cruz o ar tem um significado muito especial, indicando "as mais íntimas e sutis operações da Divindade nos graus extremos da união perfeita"[14]. Em inversão de imagens, é agora a amada que se reclina sobre o Amado, em recolhimento e quietude: "Oh! quão ditosa é a alma que sente de contínuo estar Deus descansando e repousando em seu seio!" (Ch 4,15). Do alto das ameias os amantes são brindados com o suave ar que se

---

13. ALONSO, Damaso. *La poesía di San Giovanni della Croce*. Op. cit., p. 137.

14. Ibid., p. 58.

filtra através dos cedros (N 6). É um momento especial de deleite e silêncio, onde tudo cessa e só o amor vibra. É o momento sublime da "comunicação e exercício de amor suave e pacífico" com o Amado (CB 14,2). O poema termina com a referência misteriosa das açucenas (N 8). E novamente a arte do poeta em tomar uma palavra específica e fazê-la brilhar com uma novidade instauradora. É extraordinário o efeito poético suscitado pela presença das açucenas no último verso, com sua brancura e fragrância, que contrastam magnificamente com a paisagem "noturna" dos versos anteriores. As mesmas açucenas que no Cântico dos Cânticos são pastoreadas pelo Amado (Ct 6,2-3).

A mística reveste-se com um "rosto perfeito" em João da Cruz, e na sua forma mais sublime, que é a poesia. Os comentários são também importantes, mas acabam encolhendo ou reduzindo a força da experiência que a poesia canta em estado original. E se o místico espanhol escreveu também em prosa foi para comentar sua poesia. A poesia reflete a "crua manifestação do que não pode aceder à palavra e permanece como um grito ou gemido do que é inconfessável"[15]. Este livro que vem apresentado é um saboroso aperitivo para adentrar-se nos meandros magníficos deste grande místico e seu "desaforado amor pelo todo".

---

15. ZAMBRANO, Maria. *Algunos lugares de la poesía*, p. 130.

Introdução*

Cronológica e doutrinalmente é obra paralela à anterior, a "Subida". Escrita com toda a probabilidade em Granada, pelos anos 1582-1585, continua e completa a doutrina da "Subida": expõe as noites passivas do sentido e do espírito. Deus purifica forte e docemente a alma e prepara-a para a transformação total. O mesmo esquema literário presidiu à sua redação: expor e comentar as oito estrofes: "Numa noite escura". Comenta apenas a primeira (duas vezes: no primeiro livro e no segundo), e a segunda (no segundo livro). Quando começava a terceira, o Santo interrompeu o comentário, assim como fizera na "Subida".

Foram seus religiosos de Granada, que tantas vezes o ouviram falar de coisas espirituais, que lhe pediram para escrever doutrina tão original e desconhecida como a das noites passivas.

A "Subida" e a "Noite" oferecem-nos, apesar de inacabadas, um sistema de doutrina e vida espiritual íntegro e harmônico. É rijo e inexorável, mas não esqueçamos que é assim exigente o amor divino, o qual não se comunica plenamente enquanto a alma não morrer a todo amor terreno e humano.

---

* Introdução do Pe. Felipe Sainz de Baranda, ex-prepósito geral da Ordem dos Carmelitas Descalços, na Edição do Pe. Simeão da Sagrada Família: *Juan de la Cruz, Obras Completas.*

Prólogo

Neste livro, primeiramente se põem todas as canções que se hão de explicar; depois será feita a declaração de cada uma em particular, precedendo sempre a canção à declaração. E, de modo idêntico, proceder-se-á com cada verso de per si. Nas duas primeiras canções, descrevem-se os efeitos das duas purificações espirituais: a que se opera na parte sensitiva e a que se realiza na parte espiritual do homem. Nas outras seis canções, declaram-se vários e admiráveis efeitos da iluminação espiritual e da união de amor com Deus.

CANÇÕES DA ALMA

1.
Em uma noite escura,
De amor em vivas ânsias inflamada,
Oh! ditosa ventura!
Saí sem ser notada,
Já minha casa estando sossegada.

2.
Na escuridão, segura,
Pela secreta escada, disfarçada,
Oh! ditosa ventura!
Na escuridão, velada,
Já minha casa estando sossegada.

3.
Em noite tão ditosa,
E num segredo em que ninguém me via,
Nem eu olhava coisa,

Sem outra luz nem guia
Além da que no coração me ardia.

4.   Essa luz me guiava,
Com mais clareza que a do meio-dia
Aonde me esperava
Quem eu bem conhecia,
Em sítio onde ninguém aparecia.

5.   Oh! noite que me guiaste,
Oh! noite mais amável que a alvorada!
Oh! noite que juntaste
Amado com amada,
Amada já no Amado transformada!

6.   Em meu peito florido
Que, inteiro, para ele só guardava,
Quedou-se ali adormecido,
E eu, terna, o regalava,
E dos cedros o leque o refrescava.

7.   Da ameia a brisa amena,
Quando eu os seus cabelos afagava,
Com sua mão serena
Em meu colo soprava,
E meus sentidos todos transportava.

8.   Esquecida, quedei-me,
O rosto reclinado sobre o Amado;
Tudo cessou. Deixei-me,
Largando meu cuidado
Por entre as açucenas olvidado.

Começa a declaração das canções que tratam do modo e maneira que tem a alma no caminho da união de amor com Deus.

Antes que entremos na declaração destas canções, convém aqui saber que a alma as diz estando já na perfeição, isto é, na união de amor com Deus. Já passou, portanto, por apertados trabalhos e angústias, mediante o exercício espiritual do caminho estreito da vida eterna de que fala nosso Salvador no Evangelho, e pelo qual ordinariamente passa a alma, para chegar a esta alta e ditosa união com Deus. Sendo esse caminho tão estreito, e tão poucos os que nele entram (como também diz Nosso Senhor), tem a alma por grande dita e ventura havê-lo atravessado até chegar à perfeição de amor, e assim o canta nesta primeira canção. Com muito acerto dá o nome de "noite escura" a esta via estreita, como será explicado mais adiante nos versos da mesma canção. Gozosa de haver passado por este apertado caminho donde lhe veio tanto bem a alma diz, pois:

Livro primeiro
Em que se trata da noite do sentido

Canção I

Em uma noite escura,
De amor em vivas ânsias inflamada,
Oh! ditosa ventura!
Saí sem ser notada,
Já minha casa estando sossegada.

DECLARAÇÃO

1. A alma conta, nesta primeira canção, o modo e maneira que teve em sair – quanto ao apego – de si e de todas as coisas, morrendo por verdadeira mortificação a todas elas e a si mesma, para assim chegar a viver vida doce e saborosa com Deus. E diz como este sair de si e de todas as coisas se realizou "em uma noite escura" – o que aqui significa a contemplação purificadora, conforme se dirá mais adiante. Tal purificação produz passivamente na alma a negação de si mesma e de todas as coisas.

2. Esta saída, diz ainda a alma, foi possível efetuá-la graças à força e calor que para isto lhe deu o amor de seu Esposo, nessa mesma contemplação obscura. Assim encarece a ventura que teve em caminhar para Deus através desta noite, com tão próspero sucesso que nenhum dos três inimigos – mundo, demônio e carne, que são os que sempre se opõem a este caminho – a pudessem impedir. Com efeito, a dita noite de contemplação purificadora fez com que adormecessem e amortecessem, na casa de sua sensualidade, todas as paixões e apetites, quanto a seus desejos e movimentos contrários.

Diz, pois, o verso:

Em uma noite escura.

❧ Capítulo I ❧
Põe-se o primeiro verso, começando a tratar das imperfeições dos principiantes.

1. Nesta noite escura começam a entrar as almas quando Deus as vai tirando do estado de principiantes – ou seja, o estado dos que meditam – e as começa a pôr no dos aproveitados ou proficientes – que é já o dos contemplativos – a fim de que, passando pela noite, cheguem ao estado dos perfeitos – o da divina união da alma com Deus. Para entender e declarar melhor que noite seja esta pela qual a alma passa, e por que razão Deus nela a põe, será conveniente tocar aqui algumas particularidades dos principiantes. Trataremos disto com a brevidade possível; mesmo assim, será proveitoso para esses principiantes, e fará com que, vendo a fraqueza do seu estado, se animem e desejem que Deus os ponha nesta noite onde se fortalecem e confirmam nas virtudes e se dispõem para os inestimáveis deleites do amor de Deus. Embora nos detenhamos um pouco, não será mais do que o necessário. Depois trataremos logo desta noite escura.

2. Convém saber que a alma, quando determinadamente se converte a servir a Deus, de ordinário é criada e regalada pelo Senhor, com o mesmo procedimento que tem a mãe amorosa com a criança pequenina. Ao calor de seus seios a acalenta; com leite saboroso e manjar delicado a vai nutrindo, e em seus braços a carrega e acaricia. À medida, porém, que a criança vai crescendo, a mãe lhe vai tirando o regalo; e, escondendo o terno amor que lhe tem,

põe suco de aloés amargo no doce peito; desce o filhinho dos braços e o faz andar por seus próprios pés, para que, perdendo os modos de criança, se habitue a coisas maiores e mais substanciais. Qual amorosa mãe, procede a graça de Deus, quando, por novo calor e fervor no serviço do Altíssimo, torna, por assim dizer, a gerar a alma. Primeiramente lhe concede doce e saboroso leite espiritual, sem nenhum trabalho da alma, em todas as coisas divinas, e com grande gosto para ela nos exercícios espirituais, dando-lhe Deus então seu peito de amor terno, como à criancinha terna.

3. A alma acha seus deleites em passar muito tempo a fazer oração, e, porventura, até noites inteiras gasta neste exercício; seus gostos são as penitências; seus contentamentos, os jejuns; suas consolações estão em receber os sacramentos e comungar às coisas divinas. E embora o faça com muito fervor e assiduidade, praticando esses exercícios com sumo cuidado, todavia, não deixa de proceder, em todas essas coisas, com muita fraqueza e imperfeição, sob o ponto de vista espiritual. São movidas as almas a estas mesmas coisas e exercícios espirituais pela consolação e gosto que nisso acham. E, não estando ainda habilitadas por exercícios de forte luta nas virtudes, daí lhes vêm, em todas as suas obras espirituais, muitas faltas e imperfeições. Com efeito, cada qual age conforme o hábito de perfeição que possui. Ora, como estes principiantes não puderam ainda adquirir hábitos fortes, necessariamente hão de obrar fracamente, quais meninos fracos. E para que, com mais clareza, apareça esta verdade e se veja quão faltos estão os principiantes em matéria de virtudes, nas coisas que fazem com facilidade, levados pelo gosto, iremos notando, pelos sete vícios capitais, algumas das muitas imperfeições em que caem. Conhecer-se-á então claramente como as suas obras são de pequeninos. Também se há de ver quantos bens traz consigo a noite escura, de que em breve trataremos, pois limpa e purifica a alma de todas essas imperfeições.

❧ Capítulo II ❧
Trata de algumas imperfeições que têm os principiantes acerca do hábito da soberba.

1. Nesta prosperidade, sentem-se estes principiantes tão fervorosos e diligentes nas coisas espirituais e exercícios devotos, que – embora as coisas santas de si humilhem –, devido à imperfeição deles, muitas vezes lhes nasce certo ramo de soberba oculta, de onde vem a ter alguma satisfação de suas obras e de si mesmos. Nasce-lhes também certa vontade algo vã, e às vezes muito vã, de falar sobre assuntos espirituais diante de outras pessoas, e ainda, às vezes, de ensiná-los mais do que de aprendê-los. Condenam em seu coração a outros quando não os veem com o modo de devoção que eles queriam, e chegam até a dizê-lo claramente. Tornam-se semelhantes ao fariseu que, louvando a Deus, se gabava das obras que fazia, enquanto desprezava o publicano.

2. A estes mesmos principiantes frequentemente o demônio aumenta o fervor e desejo de fazer estas e outras obras, para que juntamente lhes vá crescendo a soberba e presunção. Sabe muito bem o inimigo que todas estas obras e virtudes, assim praticadas, não somente de nada valem, mas se tornam prejudiciais a eles. E a tanto mal costumam chegar alguns, que a ninguém quereriam parecesse bom senão eles mesmos. Assim, com obras e palavras, aproveitam toda ocasião de condenar e de difamar o próximo; em vez de considerarem a trave que têm nos seus olhos, ficam

a observar o argueiro nos olhos do seu irmão; coam o mosquito alheio, e engolem o seu próprio camelo.

3. Às vezes, também, quando seus mestres espirituais – confessores e prelados – não lhes aprovam o espírito e modo de proceder, estes principiantes, desejosos de ver suas coisas estimadas e louvadas, julgam não ser compreendidos, ou que os mestres não são espirituais, porque não aprovam ou não condescendem com o que eles querem. Consequentemente, logo desejam e procuram tratar com outros que lhes quadrem ao gosto; pois ordinariamente desejam tratar de seu espírito com que imaginam há de louvá-los e estimá-los. Fogem como da morte àqueles que os desfazem a fim de os pôr em caminho seguro. Chegam até a tomar ojeriza deles. Com grande presunção, costumam propor muito, e fazer pouco. Têm, por vezes, muita vontade de serem notados pelos outros, quanto ao seu espírito e devoção; para isto dão mostras exteriores de movimentos, suspiros e outras cerimônias, e até alguns arroubamentos – em público mais do que em segredo –, nos quais os ajuda o demônio. Têm complacência e muitas vezes desejo de que se veja aquilo.

4. Muitos querem ter precedência e privação com os confessores, donde lhes nascem mil invejas e inquietações. Têm vergonha de dizer seus pecados claramente, para que os confessores não os tenham em menos conta; e, na acusação de suas culpas, vão colorindo e disfarçando, de modo a dar-lhes aparência de menos graves – e isto, na verdade, mais é escusar do que acusar. Às vezes buscam outro confessor para a ele dizerem as culpas mais graves, a fim de que o primeiro não pense que eles têm defeitos, mas somente virtudes. Para tal insistem em dizer só o bem que há neles, e com termos encarecidos, no desejo de que tudo pareça melhor. No entanto, fora muito mais humilde, como diremos, não encarecer, e ter antes vontade de que nem o confessor nem pessoa alguma os tivessem em boa conta.

5. Também alguns destes têm em pouco suas faltas; outros se entristecem em demasia quando veem suas quedas, pensando que já haviam de ser santos; e, assim, aborrecem-se contra si mesmos, com impaciência, o que é outra imperfeição. Costumam ter grandes ânsias de que Deus lhes tire as imperfeições e faltas, mais pelo motivo de se verem sem a importunação delas, e em paz, do que por amor de Deus. Não reparam que, se Ele as tirasse, se tornariam, porventura, mais soberbos e presunçosos. São inimigos de louvar a outros, e muito amigos de que outros os louvem, pretendendo por vezes alcançar esses louvores; no que se assemelham às virgens loucas que, tendo as lâmpadas apagadas, buscavam óleo fora.

6. Destas imperfeições, alguns chegam a cair em muitas outras com grande intensidade e a proceder muito mal. Outros, porém, não chegam a tanto; alguns têm mais, e alguns menos; ainda há outros que têm somente primeiros movimentos, ou pouco mais. Todavia, muito poucos, entre estes principiantes, são os que, no tempo dos seus fervores, não caem em alguns desses defeitos. Ao contrário, as almas que, nesses princípios, caminham com perfeição, procedem de modo muito diverso, e com outra têmpera de espírito. Muito aproveitam e se edificam na humildade; não só têm em nada as suas próprias coisas, mas pouco satisfeitas estão de si mesmas. A todos os mais consideram como muito melhores, e costumam ter deles uma santa inveja, com vontade de servir a Deus como estes o servem. Quanto mais fervorosos andam, e quanto mais obras fazem e se aplicam com gosto a elas, como caminham na humildade, tanto melhor conhecem o muito que Deus merece, e o pouco que é tudo quanto por Ele fazem. Assim, quanto mais fazem, tanto menos se satisfazem. Tão grandes obras, em amor e caridade, quereriam fazer por Deus, que lhes parece nada tudo quanto obram; e é tão solícito este cuidado de amor que os ocupa e embebe, que nunca

reparam se os outros fazem muito ou pouco por Deus. Quando nisso reparam, sempre, como digo, creem que todos os outros são muito melhores do que eles mesmos. Deste sentir de si, baixo e humilde, nasce-lhes o desejo de que os outros os tenham também em pouca conta, e desfaçam a desestimem suas coisas. Vão ainda mais além: quando os outros querem louvar e estimar-lhes as obras, de modo algum o podem crer, pois lhes parece estranho que deles se diga aquele bem.

7. Estas almas, com muita tranquilidade e humildade, têm grande desejo de serem ensinadas por qualquer pessoa que lhes possa causar proveito. Muito ao contrário, os primeiros, de que falamos acima, querem ensinar tudo; e até quando parece que alguém lhes ensina, eles mesmos lhes tomam a palavra da boca, como quem já o sabe muito bem, os que vão com humildade estão muito longe do desejo de serem mestres de alguém; estão sempre prontos para caminhar, ou mudar de caminho, se lhes mandarem assim. Jamais pensam acertar por si mesmos em coisa alguma. Ao ver o próximo louvado, alegram-se; e todo o seu pesar é não servirem a Deus como os outros o fazem. Não têm vontade de dizer suas coisas, porque as têm em tão baixa conta, que mesmo aos seus mestres espirituais lhes custa falar, pensando que não merecem ser ditas. Mais vontade têm de dizer suas faltas e pecados, ou que os compreendam, do que suas virtudes; e por isto se inclinam mais a tratar de sua alma com quem menos importância dá às suas coisas e ao seu espírito. É esta disposição própria do espírito simples, puro e verdadeiro, e muito agradável a Deus. Como permanece nessas almas humildes o espírito da sabedoria de Deus, logo as move e inclina a guardar escondidos os seus tesouros no íntimo, e a lançar fora seus males. Porque aos humildes o Senhor dá, juntamente com as outras virtudes, esta graça, assim como a nega aos soberbos.

8. Darão esses humildes o sangue de seu coração a quem serve a Deus, e ajudarão, quanto lhes for possível, para que Ele seja servido. Nas imperfeições em que se veem cair, sofrem a si mesmos com humildade e mansidão de espírito, em amoroso temor de Deus, pondo nele a sua confiança. Almas, porém, que no princípio caminham com esta maneira de perfeição, existem – conforme ficou dito e assim o entendo – em pequeno número, e muito poucas são as que não caem nos defeitos contrários, com o que já nos contentaríamos. Por este motivo Deus põe na noite escura, como depois diremos, aqueles que quer purificar de todas essas imperfeições, e levar adiante.

❧ Capítulo III ❧
Trata de algumas imperfeições que costumam ter alguns destes principiantes acerca do segundo vício capital, a avareza, espiritualmente falando.

1. Muitos destes principiantes têm às vezes também grande avareza espiritual. Mal se contentam com o espírito que Deus lhes dá; andam muito desconsolados e queixosos por não acharem, nas coisas espirituais, o consolo desejado. Muitos nunca se fartam de ouvir conselhos e de aprender regras de vida espiritual; querem ter sempre grande cópia de livros sobre este assunto. Vai-se-lhes o tempo na leitura, mais que em se exercitarem na mortificação e perfeição da pobreza interior do espírito, como deveriam. Além disto, carregam-se de imagens e rosários bem curiosos; ora deixam uns, ora tomam outros; vivem a trocá-los e destrocá-los; querem-nos, já desta maneira, já daquela outra, afeiçoando-se mais a esta cruz do que àquela, por lhes parecer mais interessante. Também vereis a outros bem munidos de *Agnus Dei*, relíquias e santinhos, como as crianças com brinquedos. Condeno, em tudo isto, a propriedade do coração e o apego ao modo, número e curiosidades destas coisas; pois esta maneira de agir é muito contrária à pobreza de espírito, que só põe os olhos na substância da devoção, e se aproveita somente do que lhe serve para tal fim, cansando-se de tudo o mais. A verdadeira piedade há de brotar do coração, firmando-se na verdade e solidez,

significadas nestas coisas espirituais; o resto é apego e propriedade de imperfeição, que é necessário cortar, a fim de atingir algo da perfeição.

2. Conheci uma pessoa que durante mais de dez anos usou com proveito uma cruz toscamente feita de um ramo bento pregado com um alfinete retorcido em volta; jamais havia deixado de trazê-la consigo, até que eu a tomei. E não era pessoa de pouca razão e entendimento. Vi uma outra que rezava em contas feitas com ossos de espinha de peixe; certamente a sua devoção não era menos preciosa aos olhos de Deus, por esse motivo. Vê-se claramente que tais pessoas não baseavam a sua piedade no feitio e valor dos objetos. As almas bem encaminhadas desde o princípio não se apegam aos instrumentos visíveis, nem se prendem a eles; só lhes importa saber o que convém para obrar, e nada mais. Põem os olhos unicamente em agradar a Deus e andar bem com Ele, pois este é todo o seu desejo. Assim, com grande generosidade, dão quanto possuem, tendo por gosto privar-se de tudo por amor de Deus e do próximo, tanto no espiritual como no temporal. Porque, como digo, só têm em mira as verdades da perfeição interior: dar gosto a Deus em tudo, e não a si mesmos em coisa alguma.

3. Destas imperfeições, porém, como das demais, não pode a alma purificar-se perfeitamente até que Deus a ponha na purificação passiva daquela noite escura que logo diremos. Convém, entretanto, à alma fazer de sua parte quanto lhe for possível, para purificar-se e aperfeiçoar-se, a fim de merecer que Deus a ponha naquela divina cura, onde fica sarada de tudo o que não podia remediar por si mesma. Por mais que procure ajudar-se, não pode, com sua indústria, purificar-se ativamente, de modo a ficar disposta, no mínimo ponto, para a divina união da perfeição do amor, se Deus não a toma pela mão e a purifica ele próprio naquele fogo obscuro para a alma, como e no modo que havemos de dizer.

❧ *Capítulo IV* ❧
De outras imperfeições que costumam ter estes principiantes acerca do terceiro vício, que é a luxúria.

1. Outras muitas imperfeições têm os principiantes acerca de cada vício capital: mas, para evitar prolixidade, deixo-as de parte, tocando somente as mais importantes, que são como origem e causa das demais. Assim, a respeito deste vício de luxúria (sem referir-me aos pecados deste gênero nos espirituais, pois meu intento é só tratar das imperfeições que se hão de purificar na noite escura), têm estes principiantes muitas imperfeições que se poderiam chamar de luxúria espiritual; não porque de fato assim o sejam, mas por procederem de coisas espirituais. Acontece muitas vezes, nos mesmos exercícios espirituais, sem cooperação alguma da vontade, despertarem e se levantarem, na sensualidade, movimentos e atos baixos, mesmo estando a alma em muita oração, ou recebendo os sacramentos da penitência e eucaristia. Estas coisas, que são, como digo, involuntárias, procedem de três causas.

2. Primeiramente, do gosto que muitas vezes experimenta a natureza nas coisas espirituais. Como gozam o espírito e sentido por aquela recreação, cada parte do homem se move a deleitar-se segundo sua capacidade e propriedade. Enquanto o espírito – ou a parte superior – é movido ao deleite e gosto de Deus, a sensualidade – ou a parte inferior – é também movida ao deleite e gosto sensual, pois não sabe ter nem achar outro, e toma assim o que

lhe é mais conjunto, a saber, o sensual mais baixo. Acontece, portanto, à alma estar em muita oração, unida a Deus segundo o espírito, e, por outra parte, sentir, na parte inferior, rebeliões e movimentos sensuais, de modo passivo, não sem muito desgosto seu. Isto muitas vezes sucede na comunhão; como a alma, neste ato de amor, recebe alegria e regalo do Senhor (pois para regalar a alma é que Deus se dá a ela), a sensualidade também participa, a seu modo. Formando estas duas partes uma só pessoa, participam, de ordinário, uma à outra do que recebem, cada qual à sua maneira; pois, como diz o filósofo, qualquer coisa que se recebe, à maneira do recipiente se recebe. Assim, nestes princípios, e mesmo até quando a alma já está mais adiante, por ter a sensualidade imperfeita, recebe o espírito de Deus, muitas vezes, com a mesma imperfeição. Quando, porém, essa parte sensitiva está reformada pela purificação na noite escura, como depois diremos, já não tem estas fraquezas; porque então não é ela que recebe, mas antes já está absorvida no espírito. E assim tudo recebe ao modo do espírito.

3. A segunda causa de onde procedem, às vezes, estas revoltas, é o demônio que – para inquietar e perturbar a alma, no tempo da oração, ou quando a esta se dispõe – procura despertar na natureza tais movimentos torpes. E se, então, a alma se preocupa com eles, prejudicam-na bastante. Efetivamente, só com o temor de sentir esses movimentos, e ocupando-se em combatê-los, começa a afrouxar na oração; e isto é o que pretende o demônio. E o prejuízo vai mais além: algumas almas chegam a abandonar de uma vez a oração, parecendo-lhes que neste exercício têm mais trabalho com os movimentos da sensualidade do que em qualquer outro tempo. Na verdade, assim acontece, pois o inimigo procura aumentar essas impressões justamente na oração, a fim de que as almas deixem esse exercício espiritual. E não para aí o demônio: vai a ponto de representar-lhes com grande vivacidade coisas muito feias e baixas, às vezes

em relação a outras coisas espirituais ou pessoas que espiritualmente lhes fazem bem; no intuito de incutir-lhes temor e covardia. Assim, os que fazem caso de tais impressões não se atrevem sequer a olhar ou considerar coisa alguma, pois logo encontram a impressão. As pessoas que sofrem de melancolia sentem-no com tanta eficácia, que causa dó, pois padecem vida triste. Chegam mesmo a penar tanto, quando atacadas desse mal, que se lhes afigura claramente ter consigo o demônio, e faltar-lhes liberdade para o poder evitar, a não ser que empreguem grande força e trabalho. Quando estas coisas torpes lhes sucedem por causa da melancolia, ordinariamente não é possível livrar-se, até que se curem do seu mal; ou, então, quando entram na noite escura que os priva sucessivamente de tudo.

4. A terceira origem donde soem proceder e fazer guerra estes torpes movimentos é o temor que eles mesmos incutem nas pessoas que lhes são sujeitas. O medo que desperta a súbita lembrança de tais coisas em tudo o que pensam ou fazem provoca esses movimentos sem culpa sua.

5. Há também algumas pessoas de natural tão sensível e impressionável, que, em experimentando qualquer doçura de espírito, ou de oração, logo sentem o espírito da luxúria; esta de tal maneira as embriaga, regalando a sensualidade, que se acham como engolfadas naquele suco e gosto de luxúria; e ambas as coisas duram juntas passivamente, e elas experimentam algumas vezes certos atos rebeldes à razão, e torpes. A causa é serem tais naturezas sensíveis e impressionáveis, como digo, e assim, com qualquer alteração, se lhes revolvem os humores e o sangue. Daí procedem esses movimentos, não só nestas ocasiões, mas em outras diversas, quando tais pessoas se encolerizam, ou têm alguma perturbação ou sofrimento.

6. Outras vezes também surge nestes espirituais, tanto no falar como no agir espiritualmente, certo brio e galhardia com a lembrança das pessoas que têm diante de si, e as tratam com algum modo de gozo vão. Isto nasce tam-

bém de luxúria espiritual – da maneira que a entendemos aqui – e ordinariamente acompanha-se de complacência da vontade.

7. Alguns, sob pretexto de espiritualidade, cobram afeições com certas pessoas, que muitas vezes nascem de luxúria e não de espírito. Isso dá-se a conhecer quando, justamente com a lembrança daquela afeição, não cresce a lembrança e amor de Deus, mas antes remorso na consciência. Quando a afeição é puramente espiritual, à medida que cresce, aumenta também a de Deus; e quanto maior é a sua lembrança, maior igualmente é a de Deus, e infunde desejos dele; e, em crescendo uma, cresce a outra. Esta característica tem o espírito de Deus: o bom aumenta com o bom, por causa da semelhança e conformidade. Se o amor, porém, nasce do citado vício sensual, produz os efeitos contrários; quanto mais cresce um, tanto mais diminui o outro, e a lembrança do mesmo modo. Com efeito, crescendo o amor sensual, logo verá a alma como se vai resfriando no amor de Deus, e esquecendo-se dele e, por causa daquela lembrança, sentindo algum remorso de consciência. Pelo contrário, se cresce o amor de Deus na alma, vai ela se resfriando no outro e esquecendo-o. Como são amores contrários, não somente é impossível que se ajudem mutuamente, mas o que predomina apaga e confunde o outro, e se fortalece em si mesmo, conforme ensinam os filósofos; pelo que disse nosso Salvador no Evangelho: "O que nasce da carne é carne, e o que nasce do Espírito é espírito" (Jo 3,6). Isto é: o amor que nasce da sensualidade permanece na sensualidade, e o que procede do espírito permanece no Espírito de Deus e o faz crescer. Tal é a diferença entre os dois amores para os conhecer.

8. Quando a alma entra na noite escura, todos estes amores ficam ordenados. Ao que é conforme a Deus, fortalece e purifica; e, ao outro, acaba e tira-o, e, no princípio, ambos se perdem de vista, como depois se dirá.

❧ *Capítulo V* ❧
Imperfeição em que caem os principiantes acerca do vício da ira.

1. Por causa da concupiscência nos gostos espirituais, muitos principiantes, ordinariamente, os possuem com muitas imperfeições quanto ao vício da ira. Ao se lhes acabar o sabor e gosto nas coisas espirituais, acham-se naturalmente desabridos, e, com aquela falta de gosto que têm na alma, ficam mal-humorados; por isto se encolerizam com muita facilidade por qualquer ninharia e chegam a ponto de se tornarem intratáveis. Isto sucede, muitas vezes, após terem gozado de muito recolhimento sensível na oração; em se lhes acabando aquele gosto e sabor, fica-lhes o humor muito desgostoso e contrariado, como a criança quando a apartam do peito em que estava gozando à sua vontade. Nesse sentimento da natureza – contanto que as almas não se deixem dominar por ele – não há culpa, mas somente imperfeição, e esta se há de purificar pelo escuro e angústia da noite escura.

2. Há também outros, destes espirituais, que caem em outra maneira de ira espiritual. É quando se irritam contra os vícios com certo zelo inquieto, mostrando-os aos outros; chegam a ter ímpetos de repreender os outros com muito mau modo, e algumas vezes assim o fazem como se somente eles fossem senhores da virtude. Faltam assim à mansidão espiritual.

3. Há também diversos que, vendo-se imperfeitos, zangam-se consigo mesmos, com impaciência pouco hu-

milde; e chega a ser tão grande essa impaciência contra suas imperfeições, que quereriam ser santos num só dia. Desta qualidade há muitas almas que prometem muito e fazem grandes propósitos; mas, como não são humildes, nem desconfiam de si, quanto mais propõem, tanto mais vão faltando, e na mesma proporção se aborrecem. Não têm paciência para esperar que Deus lhes dê a graça quando Ele for servido. Este modo de proceder é também contrário à mansidão espiritual; mas só poderá ser totalmente remediado pela purificação da noite escura. Existem, no entanto, pessoas que, em seu desejo de progresso espiritual, andam com muito mais paciência do que Deus quereria ver nelas.

❧ Capítulo VI ❧
Das imperfeições na gula espiritual.

1. Acerca do vício, que é a gula espiritual, há muito que dizer. Com dificuldades se acha um destes principiantes que, mesmo procedendo bem, não caia em alguma das muitas imperfeições, geralmente nascidas, nesta espécie de vício, do sabor encontrado, a princípio, nos exercícios espirituais. Muitas pessoas, enlevadas com este sabor e gosto, procuram mais o deleite do que a pureza e discrição de espírito visada e aceita por Deus em todo o caminho espiritual. Além das imperfeições em pretender estes deleites, a gula desses principiantes lhes faz exceder os limites convenientes, afastando-se do justo meio no qual as virtudes se adquirem e fortalecem. Atraídos pelo gosto experimentado em suas devoções, alguns se matam de penitências; outros se enfraquecem com jejuns, indo além do que a sua debilidade natural pode suportar. Agem sem ordem nem conselho de outrem; furtam o corpo à obediência, à qual se deviam sujeitar; chegam até ao ponto de agir contrariamente ao que lhes foi mandado.

2. Tais almas são imperfeitíssimas, e parecem ter perdido a razão. Colocam a sujeição e obediência, isto é, a penitência racional e discreta, aceita por Deus como o melhor e mais agradável sacrifício, abaixo da penitência física, que, separada da primeira, é apenas sacrifício animal a que, como animais, se movem, pelo apetite e gosto ali oferecidos. E, como todos os extremos são viciosos, com este modo de agir, vão os principiantes crescendo mais nos ví-

cios do que nas virtudes; porque procuram satisfazer a sua própria vontade. A gula espiritual, juntamente com a soberba, vai neles se firmando, uma vez que não vão pelo caminho da obediência. O demônio procura, de sua parte, perdê-los mais ainda, atiçando a gula espiritual, e, para isto, aumenta-lhes os gostos e apetites. E eles, embora não queiram abertamente desobedecer, tratam de modificar, ou acrescentar ao que lhes é mandado, porque toda obediência, nesse ponto, é para eles desagradável. Chegam alguns a tanto extremo, que, só pelo fato de lhes serem dados aqueles exercícios espirituais por meio da obediência, perdem o gosto e devoção de fazê-los; querem ser movidos unicamente pela própria vontade e inclinação; e, porventura, seria melhor nada fazer, pois perdem assim as penitências todo o valor.

3. Vereis a muitos destes espirituais porfiando com seus diretores para que lhes concedam o que eles querem; obtêm as licenças quase como por força; e, se lhes é negado o pedido, ficam tristes e andam amuados, como crianças. Parece-lhes que não servem a Deus quando não lhes deixam fazer o que queriam. Como andam arrimados ao seu próprio gosto e vontade, e a isto têm por seu Deus, apenas são contrariados pelas pessoas às quais compete mostrar-lhes a vontade divina, ficam aborrecidos, e, perdendo o fervor, se relaxam. Pensam que, estando satisfeitos e contentes, estão servindo e contentando a Deus.

4. Há também outros que, com esta gula, mal reconhecem sua própria baixeza e miséria; afastam-se tanto do amoroso temor e respeito devido à grandeza divina, que não duvidam em porfiar muito com seus confessores para que os deixem comungar muitas vezes. Sucede-lhes coisa ainda pior: atrevem-se a comungar sem a licença e parecer do ministro e dispensador dos mistérios de Cristo, a ele procurando encobrir a verdade. Para esse fim, com o desejo de comungar, fazem as confissões de qualquer jeito, tendo mais cobiça em

comer do que em comer com perfeição e pureza de consciência. Seria muito mais perfeito e santo ter inclinação contrária, rogando aos confessores que não lhes permitissem comungar tão frequentemente; embora, na verdade, o melhor de tudo seja a resignação humilde. Esses atrevimentos são muito reprováveis, e podem temer o castigo aqueles que se deixam levar por tão grande temeridade.

5. Essas pessoas de que falamos aqui, quando comungam, empregam todas as diligências em procurar algum sentimento ou gosto, mais do que em reverenciar e louvar com humildade a seu Deus. De tal maneira buscam consolações que, em não as tendo, julgam nada terem feito nem aproveitado; nisto têm a Deus em muito baixa conta, pois não entendem que esse proveito de gosto sensível é o menor que produz o Santíssimo Sacramento. O maior é o proveito invisível da graça que deixa na alma; e para que ponhamos nele os olhos da fé, muitas vezes tira o Senhor os gostos e sabores sensíveis. Os principiantes, dos quais vamos tratando, querem sentir e gozar de Deus como se ele fosse compreensível e acessível aos sentidos; procedem assim, não só na comunhão, como em todos os seus exercícios espirituais. E, em tudo isto, procedem com grande imperfeição, e muito contrariamente ao modo de Deus, pois agem com impureza na fé.

6. Do mesmo modo procedem no exercício da oração. Pensam que tudo está em achar gosto e devoção sensível, e procuram obtê-lo, como se diz, à força de braços, cansando e fatigando as potências e a cabeça; e, quando não conseguem esses gostos, ficam muito desconsolados, pensando que nada fizeram. Por esta pretensão perdem a verdadeira devoção e espírito que consiste em perseverar na oração com paciência e humildade, desconfiando de si mesmos, e buscando somente agradar a Deus. Quando essas pessoas não acham, alguma vez, consolação sensível – seja no exercício da oração ou em qualquer outro –, perdem a

vontade de fazê-los, ou sentem repugnância em continuá-los, chegando mesmo a abandonar tais exercícios. Enfim, como havíamos dito, são semelhantes às crianças, movendo-se e agindo, não pela parte racional, mas pelo gosto sensível. Gastam todo o tempo em procurar esse gosto e consolo de espírito, e para isto nunca se fartam de ler livros; ora tomam uma meditação, ora outra, dando caça ao deleite nas coisas de Deus. A estes, com muita justiça, discrição e amor, o Senhor nega as consolações, porque, a não agir assim, cresceriam eles sempre, por esta gula e apetite espiritual, em males sem conta. Convém muito, portanto, que entrem na noite escura, de que vamos falar, para serem purificados de tais ninharias.

7. Os que assim estão inclinados a esses gostos também caem noutra imperfeição muito grande: são muito frouxos e remissos em seguir pelo caminho áspero da cruz; pois a alma que se deixa levar pelo saboroso e agradável naturalmente há de sentir repugnância da falta de sabor e gosto que encerra a negação própria.

8. Têm estes ainda outras muitas imperfeições provenientes das já mencionadas; vai o Senhor curando-as a seu tempo, com tentações, securas e outros trabalhos, que fazem parte da noite escura. Não quero tratar aqui dessas faltas, para não me alargar mais. Direi somente que a sobriedade e temperança espiritual produzem na alma outra disposição bem diversa, inclinando-a para a mortificação, temor e sujeição em todas as coisas, e mostrando-lhe que a perfeição e valor das coisas não consistem na sua multiplicidade nem no gosto sensível que proporcionam, mas sim em saber negar-se a si mesma em tudo. E isso hão de procurar os espirituais, quanto lhes for possível de sua parte, até que Deus os queira purificar de fato, introduzindo-os na noite escura. Para passar a explicar esta noite, apresso-me em terminar a matéria das imperfeições.

∾ Capítulo VII ∾
Imperfeições que provêm da inveja e preguiça espiritual.

1. A respeito dos dois outros vícios, que são inveja e preguiça espiritual, não deixam os principiantes de cometer muitas imperfeições. Quanto à inveja, muitos costumam sentir movimentos de pesar com o proveito espiritual dos outros; experimentam uma pena sensível quando veem outras almas passar-lhes à frente no caminho espiritual, e não querem que, por esse motivo, sejam louvadas. Sentem tristeza com as virtudes alheias, e às vezes não podem mesmo suportar esses louvores ao próximo sem que procurem desfazê-los o mais possível. Ficam com o olho grande, como se costuma dizer, por não receberem os mesmos elogios, porque todo o seu desejo é de serem preferidos em tudo. Tais sentimentos são muito opostos à caridade que, como diz S. Paulo, se alegra com a bondade (1Cor 13,6). E, se a caridade alguma inveja tem, é inveja santa; pois todo o seu pesar é não possuir as virtudes dos outros, folgando-se de que todos sirvam a Deus com mais perfeição, enquanto ela se vê tão longe de servi-lo como deve.

2. A respeito da preguiça espiritual, os principiantes são tomados, muitas vezes, de tédio nas coisas que são mais espirituais; e delas procuram fugir, por não encontrarem aí consolações sensíveis. Como estão presos ao gosto sensível nos exercícios espirituais, em lhes faltando esse gosto, tudo lhes causa fastio. Quando alguma vez não en-

contram na oração aquele sabor que o seu apetite desejava – porque, enfim, convém sejam privados de tais consolações por Deus, que deste modo os quer provar – não querem mais voltar a ela; chegam mesmo a abandonar a oração, ou a fazê-la de má vontade. Esta preguiça leva os principiantes a deixarem atrás o caminho de perfeição – que consiste na abnegação da própria vontade e gosto por amor de Deus – para buscarem o gosto e sabor do que lhes agrada; e assim procuram satisfazer mais a sua vontade que a de Deus.

3. Muitos destes principiantes desejam somente que Deus queira o que eles querem; sentem tristeza em conformar sua vontade à vontade divina, e é com repugnância que o fazem. Imaginam que tudo quanto não contenta seus desejos e gostos não é vontade de Deus; e pelo contrário, quando acham satisfação, pensam que Ele também está satisfeito. Deste modo querem medir a Deus por sua medida pessoal, em vez de se medirem a si pela medida de Deus. Nosso Senhor em pessoa ensinou, muito ao contrário, no Evangelho "que se alguém perdesse[16] a sua alma por amor dele ganhá-la-ia e quem a quisesse ganhar, perdê-la-ia" (Mt 16,25).

4. Ainda costumam essas almas sentir tédio quando lhes é ordenada alguma coisa que não lhes agrada. Como andam sempre guiadas pelo sabor e regalo nas coisas espirituais, são muito remissas para a fortaleza e trabalho da perfeição. Semelhantes aos que são criados no meio dos prazeres, fogem com desgosto de tudo quanto é áspero, e se ofendem com a cruz na qual se acham os deleites do espírito. Nas coisas mais espirituais sentem maior fastio; como procuram nelas suas liberdades e a satisfação de sua vontade, causa-lhes grande desgosto e repugnância entrar no ca-

---

16. O original espanhol diz "sua vontade", em vez de "sua alma".

minho estreito que, segundo disse Cristo, conduz à vida (Mt 7,14).

5. Das muitas imperfeições em que vivem os principiantes neste primeiro estado, o que até aqui referimos é suficiente para mostrar quão grande seja a necessidade de que Deus os ponha em via de progresso. Realiza-se isto na noite escura de que entramos a falar. Aí, desmamando-os Deus de todos os sabores e gostos, por meio de fortes securas e trevas interiores, tira-lhes todas estas impertinências e ninharias; ao mesmo tempo, faz com que ganhem virtudes por meios muito diferentes. Por mais que a alma principiante se exercite na mortificação de todas as suas ações e paixões, jamais chegará a consegui-lo totalmente, por maiores esforços que empregue, até que Deus opere passivamente nela por meio da purificação da noite. Para que eu possa falar com proveito sobre este assunto, seja Deus servido de dar-me sua divina luz, tão verdadeiramente necessária em noite tão escura, e em matéria tão difícil de ser tratada e desenvolvida.

É este, pois, o verso:

Em uma noite escura.

❧ Capítulo VIII ❧
Exposição do primeiro verso da canção primeira, e início da explicação desta noite escura.

1. Nesta noite que chamamos contemplação, os espirituais passam por duas espécies de trevas ou purificações, conforme as duas partes da natureza humana, a saber: a sensitiva e a espiritual. Assim, a primeira noite, ou purificação, é a sensitiva, na qual a alma se purifica segundo o sentido, submetendo-o ao espírito. A segunda noite, ou purificação, é a espiritual, em que se purifica e despoja a alma segundo o espírito, acomodando-o e dispondo-o para a união de amor com Deus. A noite sensitiva é comum, e acontece a muitos dos que são principiantes; dela falaremos primeiro. A espiritual sucede a muito poucas almas, já exercitadas e adiantadas na perfeição; e a deixaremos para tratar depois.

2. A primeira noite, ou purificação, é amarga e terrível para o sentido, como passamos a dizer. A segunda, porém, não se lhe pode comparar, porque é horrenda e espantosa para o espírito, conforme diremos depois. Como, por ordem, costuma suceder primeiro a noite sensitiva, falaremos dela em primeiro lugar, dizendo alguma coisa a esse respeito, porém brevemente; porque sobre essa noite do sentido, sendo mais comum, há mais coisas escritas. Passaremos a tratar mais de propósito da noite espiritual, por haver dela muito pouca linguagem, falada ou escrita, e mui raro quem a declare por experiência.

3. Como o procedimento destes principiantes no caminho espiritual é muito imperfeito, e se apoia bastante no próprio gosto e inclinação, conforme já dissemos, quer Deus levá-los mais adiante. Para isto, levanta-os, desse amor imperfeito, a um grau mais elevado de seu divino amor; liberta-os do baixo exercício do sentido e discurso em que tão limitadamente e com tantos inconvenientes andam buscando a Ele, para conduzi-los ao exercício do espírito em que com maior abundância de graça e mais livres de imperfeições podem comunicar-se com o Senhor. Já percorreram, durante algum tempo, o caminho da virtude, perseverando em meditação e oração; pelo sabor e gosto que aí achavam, aos poucos se foram desapegando das coisas do mundo e adquiriram algumas forças espirituais em Deus. Deste modo, conseguiram refrear algum tanto os apetites naturais, e estão dispostos a sofrer por Deus um pouco de trabalho e secura sem volver atrás, para o tempo mais feliz. Estando, pois, estes principiantes no meio das melhores consolações em seus exercícios espirituais, e quando lhes parece que o sol dos diversos favores os ilumina mais brilhantemente, Deus lhes obscurece toda esta luz interior. Fecha-lhes a porta, vedando-lhes fonte viva da doce água espiritual que andavam bebendo todas as vezes e todo o tempo que desejavam; pois, como eram fracos e pequeninos, não havia para eles porta cerrada, segundo diz São João no *Apocalipse* (Ap 3,8). Eis que de repente os mergulha Nosso Senhor em tanta escuridão que ficam sem saber por onde andar, nem como agir pelo sentido, com a imaginação e o discurso. Não podem mais dar um passo na meditação, como faziam até agora. Submergido o sentido interior nesta noite, deixa-os Deus em tal aridez que não somente lhes é tirado todo o gosto e sabor nas coisas espirituais, bem como nos exercícios piedosos antes tão deleitosos, mas, em vez de tudo isto, só encontram amargura e desgosto. Vendo-os Deus um pouquinho mais crescidos, quer que se fortaleçam e saiam das fai-

xas da infância – tira-lhes, portanto, o doce peito e os desce dos divinos braços, ensinando-os a andar com seus próprios pés. Em tudo isto sentem grande novidade totalmente contrária ao que estavam acostumados.

4. Esta mudança verifica-se ordinariamente mais depressa nas pessoas recolhidas, quando principiam o caminho espiritual, do que nas outras. As primeiras estão mais livres das ocasiões de voltar atrás, e assim mortificam com mais diligência os apetites nas coisas mundanas. É justamente esta a condição requerida para começar a entrar nesta ditosa noite do sentido. Geralmente não se passa muito tempo, a contar do início da vida espiritual, sem que entrem tais almas nesta noite do sentido; aliás, quase todas passam por ela, pois é muito comum sentir aridez.

5. Para comprovar esta maneira de purificação sensitiva, que é tão encontradiça, poderíamos citar grande número de autoridades da divina Escritura, especialmente abundante nos salmos e nos profetas. Não quero, portanto, gastar tempo em explicar mais este assunto. A quem não souber achar nos livros santos essas passagens de que falo, bastará a experiência comum a todos.

❧ Capítulo IX ❧
Sinais para reconhecer quando o espiritual caminha nesta noite e purificação sensitiva.

1. As securas de que falamos podem proceder muitas vezes de outra causa que não seja esta noite e purificação do apetite sensitivo; como, por exemplo, de pecados e imperfeições, ou de frouxidão e tibieza, ou ainda de algum mau humor ou indisposição corporal. Por este motivo, quero indicar aqui alguns sinais para se reconhecer se a aridez provém da purificação sensitiva, ou se nasce de algum dos vícios mencionados. A meu ver, há três sinais principais.

2. O primeiro é a falta de gosto ou consolo, não somente nas coisas divinas, mas também em coisa alguma criada. Quando Deus, de fato, põe a alma nesta noite escura a fim de purificar-lhe o apetite sensitivo, por meio da aridez, não a deixa encontrar gosto ou sabor em coisa alguma. Nisto se conhece com muita probabilidade que esta secura e aridez não provém de pecados, nem de imperfeições recentemente cometidas. Se assim fosse, a natureza sentiria certa inclinação ou desejo de contentar-se em coisas diferentes das de Deus; pois, quando se relaxa o apetite em alguma imperfeição, logo vem a inclinação natural para essa mesma imperfeição, com maior ou menor intensidade, na medida em que se achou ali gozo e apego. Como, no entanto, esta repugnância para saborear as coisas do céu, ou da terra, pode provir de qualquer indisposição física ou melancolia, que muitas vezes não deixa achar satisfação em coisa alguma, é necessário o segundo sinal e condição.

3. O segundo sinal para que se creia tratar-se, de fato, de purificação sensitiva, é ter a alma lembrança muito contínua de Deus, com solicitude e cuidado aflito, imaginando que não o serve, mas antes volve atrás do divino serviço. Assim, pensa, por causa do desgosto que sente nas coisas espirituais. Por esta disposição interior, bem se vê que tal aridez e secura não procede de relaxamento e tibieza. O próprio da tibieza, com efeito, é não fazer muito caso nem ter solicitude, no íntimo, pelas coisas de Deus. Na realidade, bem grande é a diferença entre secura e tibieza. Enquanto esta última causa na vontade e no ânimo muito relaxamento e descuido, tirando-lhe a diligência em servir bem ao Senhor, a secura, procedente da purificação, traz consigo o cuidado solícito que aflige a alma por pensar que não serve a Deus. Esta aridez, algumas vezes, é acompanhada por melancolia ou outro qualquer distúrbio; mas nem por isto deixa de produzir seu efeito, purificando o apetite, porque priva a alma de toda consolação e a leva a buscar só a Deus. Quando tem somente uma causa física, tudo para só em desgosto e abatimento da natureza, sem esses desejos de servir a Deus que a alma sente na secura da purificação sensitiva. Neste último caso, porém, se o natural fica abatido, sem forças nem coragem para agir, por não achar gosto em nada, o espírito está pronto e forte.

4. O motivo desta secura é a mudança operada por Deus na alma, elevando todos os bens e forças do sentido ao espírito; e como o sentido não tem capacidade para esses bens do espírito, fica privado de tudo, na secura e no vazio. A parte sensitiva não tem capacidade para receber o que é puramente espiritual, e assim, quando o espírito goza, a carne se descontenta e relaxa para agir. Todavia a parte espiritual, que vai recebendo o alimento, cria novas forças, com maior atenção e vigilância do que antes tinha, na sua solicitude em não faltar a Deus. Se não experimenta desde o princípio sabor e deleite de espírito, mas, ao con-

trário, secura e desgosto, é unicamente pela novidade da mudança. Acostumado aos gostos sensíveis, o paladar espiritual ainda os deseja; não se acha suficientemente adaptado e purificado para tão finos deleites. Até que se vá dispondo pouco a pouco, por meio desta árida e escura noite, a sentir gosto e proveito espiritual, não pode experimentar senão secura e desabrimento, com a falta do sabor que antes encontrava com tanta facilidade.

5. Os que Deus começa a levar por estas solidões do deserto assemelham-se aos filhos de Israel quando recebiam, ali mesmo no deserto, o manjar celeste dado pelo Senhor, e no qual cada um achava o sabor apetecido, conforme diz a Escritura (Sb 16,20-21). Contudo, não se contentavam, e era-lhes mais sensível a falta dos gostos e temperos das viandas e cebolas do Egito – às quais já estava acostumado e satisfeito o seu paladar – do que a delicada doçura do maná celeste. Donde, gemiam e suspiravam pelas viandas da terra, tendo os manjares do céu. A tanto chega, pois, a baixeza de nosso apetite, que nos leva a desejar nossas misérias e ter fastio dos bens inefáveis do céu.

6. Quando, porém, estas securas são causadas por estar o apetite sensível na via de purificação, mesmo que o espírito não sinta gosto algum no começo, pelas causas já declaradas, sente, no entanto, coragem e brio para agir, robustecido com a substância do manjar interior que o sustenta. Este alimento substancioso é princípio de contemplação obscura e árida para o sentido; porque esta contemplação é oculta e secreta àquele mesmo que a recebe. Junto com a secura e vazio na parte sensitiva, a alma geralmente experimenta desejo e inclinação para ficar sozinha e quieta, sem poder – e nem mesmo querer – pensar em coisa distinta. Se, então, os que se acham neste estado soubessem permanecer em sossego, descuidados de qualquer movimento inteiro e exterior, sem nenhuma preocupação de agir, logo, naquela calma e ócio,

perceberiam a delicadeza daquela refeição íntima. É tão suave desse alimento que, de ordinário, se a alma procura ou deseja saboreá-lo, não lhe sente o gosto; porque, torno a dizer, produz seu efeito na maior quietação e ócio da alma. É semelhante ao ar: se o quisermos colher na mão, ele nos foge.

7. Vêm ao caso as palavras do Esposo à Esposa dos Cantares: "Aparta de mim os teus olhos porque são eles que me fazem voar" (Ct 6,4). De tal maneira põe o Senhor a alma neste estado e a conduz por tão diversa via, que, se ela quiser agir com suas potências, em vez de ajudar à obra de Deus em seu interior, antes a estorvará, pois agora tudo lhe sucede ao contrário do que anteriormente. Eis a causa desta mudança: no estado de contemplação, quando a alma passa da vida discursiva a outra mais adiantada. Deus é quem nela age diretamente, e parece prender as potências interiores tirando o apoio do entendimento, o gosto da vontade e o trabalho da memória. Tudo quanto a alma, neste tempo, pode fazer por si mesma, não serve, como já o dissemos, senão para perturbar a paz interior e a obra que Deus faz no espírito mediante aquela secura no sentido. Por ser espiritual e delicada, esta obra divina é, em sua realização, tranquila, suave, solitária, satisfatória e pacífica, e muito alheia a todos aqueles gostos do princípio, mui palpáveis e sensíveis. Com efeito, esta é a paz em que, segundo diz Davi (Sl 84,9), Deus fala à alma para torná-la espiritual. Daqui procede a terceira condição.

8. O terceiro sinal que há para discernir a purificação do sentido é a impossibilidade, para a alma, por mais esforços que empregue nisso, de meditar e discorrer com o entendimento e com a ajuda da imaginação como costumava fazer anteriormente. Deus aqui começa a comunicar-se não mais por meio do sentido, como o fazia até então quando a alma o encontrava pelo trabalho do raciocínio, li-

gando ou dividindo os conhecimentos; agora ele o faz puramente no espírito, onde não é mais possível haver discursos sucessivos. A comunicação é feita com um ato de simples contemplação, a que não chegam os sentidos interiores e exteriores da parte inferior. Por isto, a imaginação e fantasia não podem apoiar-se em consideração alguma, nem doravante achar aí arrimo.

9. Por este terceiro sinal percebemos que o impedimento e desgosto das potências não provêm de qualquer humor maligno. Quando procede desta última causa, em se acabando essa má disposição física, que é muito variável, logo a alma, com algum cuidado, consegue voltar ao que antes podia fazer, e as potências acham seus apoios habituais. Na purificação do apetite, porém, não sucede assim; porque começando a alma a entrar nesta noite, sempre se lhe vai aumentando a impossibilidade de discorrer com as potências. Sem dúvida, para algumas pessoas, a noite não se inicia com tanta continuidade; assim, algumas vezes podem tomar seus gostos e fazer considerações sensíveis. Devido talvez à grande fraqueza destas almas, não fosse conveniente tirar-lhes o leite das consolações de um só golpe. Vão, entretanto, sempre entrando mais nesta noite, e a purificação sensitiva faz enfim sua obra, se realmente forem chamadas à via mais elevada. Quanto às almas que não seguem pelo caminho da contemplação, são levadas por mui diferente maneira, e a noite cheia de securas não costuma ser tão contínua na parte sensitiva; ora experimentam aridez, ora não; se algumas vezes não podem discorrer, outras podem. Deus, com efeito, só as põe nesta noite a fim de exercitá-las, humilhá-las, reformando-lhes o apetite para que não adquiram gula viciosa nas coisas espirituais; mas não tem o fito de levá-las à via do espírito que é a contemplação. Nem todos os que se exercitam deliberadamente no caminho espiritual conduz o Senhor à contemplação, e nem mesmo a metade dos espi-

rituais; o motivo disso só Deus sabe. Os que não são chamados à contemplação jamais se veem de todo privados, quanto ao sentido, desses peitos[17], das considerações e discursos, mas somente por alguns períodos intercalados, como já dissemos.

---

17. Isto é, do leite espiritual.

✺ Capítulo X ✺
Como devem proceder os principiantes nesta noite escura.

1. No tempo das securas desta noite sensitiva Deus opera a mudança já referida: eleva a alma, da vida do sentido à do espírito, isto é, da meditação à contemplação, quando já não é mais possível agir com as potências ou discorrer sobre as coisas divinas. Neste período, padecem os espirituais grandes penas. Seu maior sofrimento não é o de sentirem aridez, mas o receio de haverem errado o caminho, pensando ter perdido todos os bens sobrenaturais, e estar abandonados por Deus, porque nem mesmo nas coisas boas podem achar arrimo ou gosto. Muito se afanam então, e procuram, segundo o antigo hábito, aplicar as potências com certo gosto em algum raciocínio; julgam que, a não fazer assim, ou a não perceber que estão agindo, nada fazem. Mas, quando se aplicam a este esforço, sentem muito desgosto e repugnância no interior da alma, pois esta se comprazia em quedar-se naquele sossego e ócio, sem obrar com as potências. Deste modo, perdendo-se de um lado, nada aproveitam do outro; e, em procurar seu próprio espírito, perdem aquele, que tinham, de tranquilidade e paz. São nisto semelhantes a quem deixasse a obra já feita para recomeçar a fazê-la, ou a quem saísse da cidade, para de novo entrar nela; ou ainda, ao que larga a presa a fim de tornar a caçá-la. Bem se vê que é escusado querer insistir: a alma nada mais conseguirá por aquele primeiro modo de proceder, conforme já dissemos.

2. Tais almas, neste tempo, se não acham quem as compreenda, deixam o caminho, abandonando-o, ou se afrouxando. Pelo menos, acham impedimento para prosseguir, com as repetidas diligências que fazem em querer continuar na meditação discursiva; cansam-se e afligem-se demasiadamente, imaginando que se acham nesse estado por suas negligências e pecados. Tudo quanto fazem lhes é inútil, porque Deus já as conduz por outro caminho – o da contemplação, diferentíssimo do primeiro, pois um é de meditação e discurso, e outro não cai sob imaginação ou raciocínio.

3. As pessoas que se encontram neste estado, convém consolar-se em paciente perseverança, sem se afligirem. Confiem em Deus, pois Ele não abandona aos que o buscam com simples e reto coração. Não lhes deixará de dar o necessário para o caminho até conduzi-los à clara e pura luz do amor. Esta lhes será dada por meio da outra noite escura, a do espírito – se merecerem que Deus nela os introduza.

4. O modo como se há de conduzir os espirituais nesta noite do sentido consiste em não se preocuparem com o raciocínio e a meditação, pois já não é mais tempo disso. Deixem, pelo contrário, a alma ficar em sossego e quietude, mesmo se lhes parece claramente que nada fazem, e perdem tempo, ou se lhes afigure ser a tibieza a causa de não terem vontade de pensar em coisa alguma. Muito farão em ter paciência e em perseverar na oração sem poder agir por si mesmos. A única coisa que a alma há de fazer aqui é permanecer livre e desembaraçada, despreocupada de todas as notícias e pensamentos, sem cuidado do que deve pensar ou meditar. Contente-se com uma amorosa e tranquila advertência em Deus, sem outra solicitude nem esforço, e até sem desejo de achar nele o gosto ou consolação. Todas estas diligências, com efeito, inquietam e dis-

traem a alma da sossegada quietude e suave repouso de contemplação que do Senhor aqui recebe.

5. Por mais escrúpulos que venham à alma, de perder tempo ou achar que seria bom agir de outro modo – pois na oração nada pode fazer nem pensar –, convém suportar e ficar quieta, como se fosse à oração para estar à sua vontade, em liberdade de espírito. Se quiser fazer algo com as potências interiores, perturbará a ação divina, e perderá os bens que Deus está imprimindo e assentando no seu íntimo, por meio daquela paz e ócio da alma. É como se um pintor estivesse a pintar e colorir um rosto, e este quisesse mover-se para ajudar em alguma coisa: com isto não deixaria o pintor trabalhar, perturbando-lhe a obra. Assim, quando a alma sente inclinação para ficar em paz e quietude interior, qualquer operação, ou afeto, ou advertência, que então queira admitir, só serve para distraí-la e inquietá-la, causando secura e vazio no sentido. Quanto mais pretende apoiar-se em afetos ou notícias, tanto maior é a falta que deles sente, pois doravante não os poderá achar nesta via.

6. Convém, portanto, a esta alma, não se impressionar com a perda das potências; deve até gostar de que se percam logo, a fim de não perturbarem a operação da contemplação infusa que Deus lhe vai concedendo. Deste modo a alma poderá receber essa graça com maior abundância de paz, chegando a arder e inflamar-se no espírito de amor que esta obscura e secreta contemplação traz consigo e ateia. De fato, a contemplação não é mais que uma infusão secreta, pacífica e amorosa de Deus; e, se a alma consente, logo é abrasada em espírito de amor, como ela mesma o dá a entender no verso seguinte que é assim:

De amor em vivas ânsias inflamada.

❧ Capítulo XI ❧
Explicação dos três versos da canção.

1. Esta inflamação de amor de modo ordinário não é sentida logo no princípio da noite, seja por causa da impureza do natural que não lhe permite manifestar-se, ou seja porque a alma, não compreendendo esse novo estado, não lhe dá pacífica entrada. Entretanto, às vezes – exista ou não esse obstáculo –, logo começa a alma a sentir-se com desejo de Deus: e quanto mais vai adiante, mais se vai aumentando nela esta afeição e inflamação de amor divino, sem que a própria alma entenda nem saiba como ou donde lhe nasce o amor e afeto. Chega por vezes a crescer tanto, no seu íntimo, essa chama e inflamação, que o espírito com ânsias de amor deseja a Deus. Realiza-se na alma, então, o que Davi, estando nesta noite, disse de si mesmo, com estas palavras: "Porque se inflamou o meu coração" (Sl 72, 21) – a saber, em amor de contemplação –, "meus rins foram também mudados", isto é, meus gostos e apetites sensíveis foram transformados, transportando-se da via sensitiva à espiritual, nesta secura e desaparecimento de todos eles, de que vamos falando. "E fui reduzido a nada, e aniquilado, e nada mais soube": porque, como já dissemos, a alma, sem saber por onde vai, se vê aniquilada acerca de todas as coisas do céu e da terra nas quais costumava deleitar-se; apenas se sente enamorada, sem saber como. Algumas vezes, por crescer muito a inflamação de amor no espírito, tornam-se tão veementes as ânsias da alma por Deus, que os ossos parecem secar-se com esta sede. A natureza

desfalece perdendo seu calor e força, pela vivacidade de tão amorosa sede; pois, na verdade, a alma experimenta como esta sede de amor é cheia de vida. Era a mesma sede que Davi sentia e tinha dentro de si, quando disse: "Minha alma tem sede do Deus vivo" (Sl 41,3), isto é, viva foi a sede que minha alma sentiu. E, sendo viva, pode-se dizer que esta sede mata. É preciso, porém, advertir que a veemência de tal sede não é contínua, senão intermitente, embora de ordinário a alma sempre a sinta algum tanto.

2. Deve-se notar bem, conforme já ficou dito, que não se experimenta desde o início este amor, mas sim a secura e vazio já referidos. Neste tempo, em vez da inflamação de amor que irá depois aumentando, sente a alma, em meio àquelas securas e vazios das potências, um constante cuidado e solicitude por Deus, com pena e receio de o não servir. Nem é pouco aceitável aos olhos de Deus este sacrifício em que o espírito está atribulado e solícito por seu Amor. Esta solicitude e cuidado provém daquela secreta contemplação, que, depois de ter por algum tempo purificado a parte sensitiva, nas suas forças e apegos naturais, por meio das securas, vem enfim a inflamar no espírito o amor divino. Enquanto não chega a este ponto, está a alma como doente, submetida a tratamento; tudo se resume em padecer nesta obscura e árida purificação do apetite, em que se vai curando de numerosas imperfeições, e ao mesmo tempo se exercitando em grandes virtudes, para tornarse capaz do amor de Deus, conforme diremos agora ao comentar o verso seguinte:

Oh! ditosa ventura!

3. Deus põe a alma nesta noite sensitiva a fim de purificá-la no sentido, isto é, na sua parte inferior; e assim o acomoda, submete e une ao espírito, obscurecendo o mesmo sentido em todo trabalho do discurso que lhe é então impedido. Depois, procede Deus igualmente na purifica-

ção do espírito, para o levar à união divina, pondo-o na noite espiritual de que falaremos em tempo oportuno. Destas purificações vêm à alma tão grandes proveitos – embora a seus olhos não pareça assim –, que julga ser "grande ventura" haver saído do laço e aperto do sentido da parte inferior, mediante esta noite. E então canta o presente verso, deste modo: "Oh! ditosa ventura!" É bom assinalarmos agora quais os proveitos encontrados pela alma nesta noite escura, pois eles a levam a considerar "grande ventura" passar por tudo isso. Tais proveitos são resumidos pela alma no seguinte verso, a saber:

Saí sem ser notada.

4. Esta saída se refere à sujeição que a alma tinha à parte sensitiva, buscando a Deus por exercícios tão fracos, limitados e contingentes, como são os desta parte inferior. A cada passo tropeçava com mil imperfeições e ignorâncias, como já mostramos a propósito dos sete vícios capitais. De tudo a alma se liberta, pois na noite escura vão arrefecendo todos os gostos, temporais ou espirituais, e obscurecendo-se todos os raciocínios, além de lucrar outros inumeráveis bens na aquisição das virtudes, como agora vamos dizer. Será de grande satisfação e consolo para quem é levado por este caminho ver o que parece tão áspero e adverso, e tão contrário ao sabor espiritual, produzir tão grandes benefícios no espírito. Estes proveitos são conseguidos, já foi dito, quando a alma sai, segundo a afeição e operação mediante a noite, de todas as coisas criadas, elevando-se às eternas. Aí está a grande ventura e dita: de uma parte, o grande bem que é mortificar o apetite e apego em todas as coisas; de outra parte, por serem pouquíssimas as almas que suportam e perseveram entrando por esta "porta apertada e este caminho estreito que conduz à vida", conforme diz Nosso Senhor (Mt 7,14). A "porta apertada" é esta noite do sentido do qual a alma é despida e despojada

para poder entrar firmando-se na fé, que é alheia a todo o sentido, a fim de caminhar depois pelo "caminho estreito" que é a outra noite, a do espírito. Também nesta, continua a adiantar-se para Deus em pura fé, único meio pelo qual se une a ele. Este caminho, por ser tão estreito, escuro e terrível – pois não há comparação entre a noite do sentido e a obscuridade e trabalhos da noite do espírito –, é percorrido por muito poucas almas; mas, em compensação, seus proveitos são incomparavelmente maiores. Começaremos agora a dizer algo sobre os benefícios da noite do sentido, com a brevidade que for possível, a fim de passar depois à outra noite.

❧ Capítulo XII ❧
Proveitos trazidos à alma por esta noite.

1. Esta noite e purificação dos sentidos, embora aos olhos da alma pareça privá-la de todos os bens, traz consigo tantos proveitos e vantagens, que para ela, na verdade, é muito ditosa. Assim como Abraão fez grande festa quando desmamou a seu filho Isaac, assim também há no céu grande gozo quando Deus tira uma alma das faixas da infância, descendo-a dos braços e fazendo-a andar com seus pés; quando lhe tira o peito em que até então ela achava o leite, alimento brando e suave de criancinhas, para dar-lhe a comer pão com casca, começando a fazê-la provar o manjar dos fortes. Este manjar – que nestas securas e trevas do sentido é dado ao espírito vazio e árido em relação aos sabores sensíveis – é a contemplação infusa a que já nos referimos.

2. O primeiro e principal proveito causado na alma por esta seca e escura noite de contemplação é o conhecimento de si mesma e de sua miséria. Decerto, todas as graças de Deus às almas ordinariamente são concedidas de envolta com o conhecimento próprio; mas estas securas e vazio das potências, em comparação da abundância anterior, bem como a dificuldade da alma para todas as coisas boas, fazem-na melhor conhecer a própria baixeza e miséria que no tempo da prosperidade não chegava a ver. Verdade esta bem figurada no Êxodo: querendo Deus humilhar os filhos de Israel a fim de que se conhecessem, mandou-os despir e tirar o traje e ornamento de festa com que de ordiná-

rio andavam vestidos no deserto, dizendo: "Daqui por diante, despojai-vos dos ornatos festivos, e vesti as roupas comuns de trabalho, para que saibais o tratamento que mereceis" (Ex 33,5)[18]. É como se dissesse: Visto que o traje de festa e alegria que vestis não vos deixa sentir bastante a própria baixeza, tirai-o; doravante, quando vos virdes com vestes grosseiras, haveis de conhecer que não sois dignos de coisa melhor, e sabereis então quem sois. De modo semelhante vê a alma a realidade de sua miséria, antes desconhecida; pois no tempo em que andava como em festa, achando em Deus muito gosto, consolo e arrimo, vivia bem mais satisfeita e contente, parecendo-lhe que de algum modo o servia. Na verdade, assim é: embora a alma não tenha explicitamente estes sentimentos de satisfação, de modo implícito sempre os abriga um pouco. Quando se vê depois com esta outra veste de trabalho, na secura e no desamparo, com todas as anteriores luzes obscurecidas, então verdadeiramente é esclarecida sobre esta virtude tão excelente e necessária do conhecimento próprio. Já se tem em nenhuma conta, e não acha satisfação alguma em si; vê agora como, de si, nada faz e nada pode. Esta falta de gosto consigo mesma, e o desconsolo que sente por não servir a Deus, agradam mais a Ele do que todas as obras e gostos que a alma tinha antes, fossem os maiores, pois tudo aquilo ocasionou muitas imperfeições e ignorâncias. Na veste de aridez que envolve a alma não se encerra apenas este proveito a que nos referimos; há também outros de que vamos falar agora, deixando de parte grande número que ainda fica por dizer; mas todos procedem, como de sua fonte e origem, do conhecimento próprio.

3. O primeiro destes proveitos é tomar a alma uma atitude mais comedida e respeitosa em suas relações com Deus,

---

18. Citação aproximada. "Deixa agora as tuas galas, para eu saber como te hei de tratar" (Ex 33,5).

como sempre se requer no trato com o Altíssimo. Quando a alma nadava na abundância de seus gostos e deleites não procedia assim; pois aquela graça tão saborosa, que a consolava, aumentava-lhe os desejos de Deus, tornando-os algo mais ousados do que era conveniente, e até chegavam a ser pouco delicados e não muito respeitosos. Foi o que sucedeu a Moisés quando sentiu que Deus lhe falava: cego por aquele gosto e apetite, sem mais consideração, já se ia atrevendo a aproximar-se, e o teria feito, se Deus não o mandasse parar e descalçar-se. Aqui se mostra com que respeito e discrição, e com que desapego de todo apetite, se há de tratar com Deus. Apenas Moisés obedeceu, tornou-se tão prudente e tão precavido que, como diz a Sagrada Escritura, não somente perdeu aquele atrevimento de aproximar-se de Deus, mas nem mesmo ousava considerá-lo (Ex 3,6). Tirados os sapatos dos apetites e gostos, conhecia profundamente sua miséria diante do Senhor, como lhe convinha, para ser digno de ouvir a palavra divina. Semelhante foi a disposição que Deus deu a Jó quando lhe quis falar: não foi no meio dos deleites e glórias que o mesmo Jó – como ele nos refere – costumava ter em seu Deus, mas quando o pôs despojado no monturo, desamparado, e, além disso, perseguido por seus amigos, cheio de angústia e amargura, com os vermes a cobrirem o solo. Só então o Deus Altíssimo, que levanta o pobre do esterco, dignou-se descer e falar com ele face a face, descobrindo-lhe as profundas grandezas de sua sabedoria, como jamais o havia feito antes, no tempo da prosperidade.

4. É bom assinalar aqui, uma vez que viemos a dar neste ponto, outro excelente proveito desta noite e secura do apetite sensitivo. É que na noite escura – verificando-se a palavra do profeta: "Luzirá tua luz nas trevas" (Is 58,10) – Deus iluminará a alma, dando-lhe a conhecer não somente a própria miséria e vileza, mas também sua divina grandeza e excelência. Uma vez amortecidos os apetites, gostos e apoios

sensíveis, fica o entendimento livre para apreender a verdade, pois é certo que esses gostos e apetites do sentido, mesmo sendo em coisas espirituais, sempre ofuscam e embaraçam o espírito. Além disto, aquela angústia e secura da parte sensitiva vêm ilustrar e vivificar o entendimento, segundo declara Isaías: "A vexação nos leva a conhecer a Deus" (Is 28,19)[19]. Assim vemos que à alma vazia e desembaraçada, bem disposta a receber o influxo divino, o Senhor, por meio desta noite escura e seca de contemplação, vai instruindo sobrenaturalmente em sua divina sabedoria, como o não fizera até então pelos gostos e sabores sensíveis.

5. Isto dá muito bem a entender o mesmo Profeta Isaías dizendo: "A quem ensinará Deus sua ciência, e a quem fará entender sua audição?" E prossegue: "aos desmamados do leite, e aos tirados dos peitos" (Is 28,9). Por estas palavras se compreende como, para receber esta divina influência, a disposição adequada não é o leite dos principiantes, cheio de suavidade espiritual, nem o aconchego ao peito dos saborosos discursos das potências sensitivas, que constituíam o gozo da alma, mas sim a carência do primeiro e o desapego do segundo. Com efeito, para ouvir a voz de Deus, convém à alma estar muito firme, em pé, sem nenhum apoio, afetivo ou sensível, como de si mesmo diz o profeta: "Estarei em pé sobre minha custódia"; quer dizer, estarei desapegado dos meus afetos sensíveis; "e firmarei o passo", isto é, não alimentarei os discursos da parte sensitiva: "para contemplar" (Hab 2,1), ou seja, para entender o que me for dito da parte de Deus[20]. Temos agora por averiguado como esta noite escura produz primeiramente o conhe-

---

19. Citação aproximada. O texto diz: "Só a vexação far-vos-á entender o que se ouviu".

20. Citação aproximada. O texto diz: "Estarei posto no lugar da minha sentinela e firmarei o pé sobre as fortificações,... para ver o que se me diga".

cimento próprio, e daí, como de seu fundamento, procede o conhecimento de Deus. Eis por que Santo Agostinho dizia a Deus: "Senhor, conheça-me eu a mim, e conhecer-te-ei a ti"[21], pois, como declaram os filósofos, por um extremo se conhece o outro.

6. A fim de provar mais perfeitamente a eficácia desta noite em seus desamparos e securas para proporcionar com maior abundância a luz que Deus concede então à alma, alegaremos uma autoridade de Davi, em que dá a entender muito bem a grande força desta noite para tão elevado conhecimento de Deus. Assim diz: "Na terra deserta, sem água, seca e sem caminho, apareci diante de ti para poder ver tua virtude e tua glória" (Sl 62,3). Nisto se encerra uma coisa admirável: não quer aqui dizer o Profeta Davi que os deleites espirituais e os numerosos gostos recebidos anteriormente lhe servissem de disposição e meio para conhecer a glória de Deus; ao contrário, foram as securas e desamparos da parte sensitiva, designada pela "terra seca e deserta". É também admirável que não lhe tivessem aberto caminho para sentir e ver a Deus aqueles seus habituais conceitos e discursos divinos; mas, sim, o não conseguir fixar o raciocínio em Deus, e o não poder caminhar com o discurso da consideração imaginária – significados aqui pela "terra seca sem caminho". Assim, para o conhecimento de Deus e de si próprio, o meio é esta noite escura, com suas securas e vazios, embora não o seja ainda na plenitude e abundância da outra noite do espírito, pois o conhecimento recebido nesta primeira noite é como o princípio do que receberá mais tarde.

7. A alma nas securas e vazios desta noite do apetite, lucra humildade espiritual – virtude contrária ao primeiro vício capital que dissemos ser a soberba espiritual. Por

---

21. S. Agost. Soliloq. C. 2.

meio da humildade proporcionada pelo conhecimento próprio, purifica-se de todas as imperfeições, acerca da soberba em que costumava cair no tempo de sua prosperidade. Vendo-se agora tão árida e miserável, nem mesmo por primeiro movimento lhe ocorre a ideia – como outrora acontecia – de estar mais adiantada do que os outros, ou de lhes levar vantagem. Muito ao contrário, conhece que os outros vão melhor.

8. Daqui nasce o amor do próximo, pois a todos estima, e não os julga como o antes, quando se achava com muito fervor e não via os outros assim. Agora conhece somente a sua miséria e a tem diante dos olhos, tão presente que esta não a deixa, nem lhe permite olhar pessoa alguma. É o que Davi, estando nesta noite, manifesta admiravelmente, dizendo: "Emudeci e fui humilhado, e tive em silêncio os bens e renovou-se-me a dor" (Sl 38,3). Assim se exprime, porque lhe parecia estarem acabados todos os bens da sua alma, de tal modo que não achava linguagem para falar deles; e mais ainda, acerca dos bens alheios, igualmente se calava, tomado de dor pelo conhecimento de sua própria miséria.

9. Esta noite torna também as almas submissas e obedientes no caminho espiritual, pois, vendo-se tão miseráveis, não somente ouvem o que lhes é ensinado, mas ainda desejam que qualquer pessoa os encaminhe e diga como devem proceder. Porém a presunção afetiva que às vezes tinham na prosperidade. Finalmente, lhes vão sendo tiradas todas as outras imperfeições já referidas ao tratarmos do primeiro vício que é a soberba espiritual.

❧ Capítulo XIII ❧
Outros proveitos causados na alma por esta noite do sentido.

1. Acerca das imperfeições que a alma tinha em matéria de avareza espiritual – pois vivia a cobiçar ora uma, ora outra coisa de devoção, sem jamais ficar satisfeita com quaisquer exercícios espirituais, devido ao desejo e gosto que neles achava – agora, nesta noite escura e árida, já anda bem reformada. Não mais acha, nessas coisas espirituais, o deleite e sabor que costumava; pelo contrário, só encontra trabalho e desgosto. Por isto, usa de tais coisas com tanta temperança que até poderia pecar por defeito onde pecava por excesso. Contudo, às almas que Deus põe nesta noite de ordinário concede humildade e prontidão para fazerem somente por Ele, embora sem gosto, o que lhes é mandado; e assim deixam de buscar seu próprio proveito em muitas coisas, por não acharem nelas consolação.

2. Quanto à luxúria espiritual, também se vê claramente que, por meio dessa secura e desgosto do sentido nos exercícios espirituais, liberta-se a alma das impurezas já declaradas, as quais procediam, conforme ficou dito, daquele gosto do espírito redundando no sentido.

3. Pode-se ver, também no mesmo lugar, quando tratamos das imperfeições dos principiantes, as que tinha a alma a respeito do quarto vício – a gula espiritual. Sem dúvida, não dissemos ali tudo, pois essas imperfeições são inumeráveis, e, assim, também não vou referi-las aqui. Mi-

nha vontade é de concluir depressa esta noite do sentido, a fim de passar à outra, do espírito. Para compreender os demais proveitos incontáveis que recebe a alma nesta noite, relativos a este vício da gula espiritual, basta dizer que fica livre de todas as imperfeições já referidas, e de muitos males ainda bem maiores, e de horríveis abominações não mencionadas. Nestas últimas, como sabemos por experiência, vieram a cair muitas almas, por não terem reformado o apetite na gula espiritual. Quando Deus põe a alma nesta noite escura e seca, mantém igualmente refreados a concupiscência e o apetite, de tal modo que não é possível à mesma alma alimentar-se com qualquer gosto ou sabor sensível, seja espiritual ou temporal. Assim vai ele continuando a purificação com tanta intensidade, que a alma fica submissa, reformada e domada segundo a concupiscência e o apetite. Perde a força das paixões e da mesma concupiscência, sem que possa produzir coisa alguma, por falta de gosto, assim como seca o leite no peito quando não é tirado. Dominados os apetites da alma, mediante essa sobriedade espiritual, dão entrada a novos e admiráveis proveitos, porque, apagados os apetites e concupiscências, vive a alma em paz e tranquilidade espiritual. Com efeito, onde não reinam apetites e concupiscências, não há perturbações, mas, sim, paz e consolação de Deus.

4. Daqui se origina outro segundo proveito: a alma se ocupa ordinariamente com a lembrança de Deus, em temor e receio de volver atrás no caminho espiritual, conforme já dissemos. Grande proveito é este no meio desta secura e purificação sensível, pois purifica e limpa a alma das imperfeições que aderiam a ela para embotá-la e ofuscá-la.

5. Há outro grandíssimo proveito, nesta noite, que é exercitar-se a alma nas virtudes em conjunto – por exemplo, na paciência e na benignidade – para cuja prática há muita ocasião, no meio das securas e vazios, perseverando nos exercícios espirituais sem achar consolo nem gosto.

Exercita-se na caridade para com Deus, pois não é mais movida, em suas obras, pelo sabor da consolação que a atraía, mas unicamente por Ele. Na virtude da fortaleza também se exercita: em meio a estas dificuldades e repugnâncias que encontra em tudo quanto faz, tira forças da fraqueza, tornando-se forte. E, finalmente, em todas as virtudes, tanto teologais como cardeais e morais, corporal e espiritualmente se exercita a alma nestas securas.

6. Nesta noite, a alma consegue os quatro proveitos que assinalamos, a saber: deleitação de paz, ordinária lembrança de Deus, limpidez e pureza de espírito e exercício de virtudes. Prova-o Davi, com a experiência que teve dentro desta noite, dizendo: "Minha alma deixou as consolações, tive memória de Deus, achei consolo e exercitei-me, e desfaleceu-me o espírito" (Sl 76,4). E logo acrescenta: "e meditei de noite com meu coração, e exercitava-me e varria e purificava meu espírito" (id.), isto é, de todos os apegos.

7. Quanto às imperfeições dos outros três vícios espirituais – ira, inveja e preguiça – também nesta secura do apetite é a alma purificada, adquirindo as virtudes contrárias. Na verdade, abrandada e humilhada por estas securas e dificuldades, bem como por outras tentações e trabalhos em que, por vezes, Deus a exercita nesta noite, torna-se mansa para com Ele, para consigo mesma e para com o próximo. Já não se aborrece com alteração contra si mesma por causa de faltas próprias, nem contra o próximo vendo as faltas alheias, e até em relação a Deus não tem mais desgostos e queixas descomedidas quando Ele não a atende depressa.

8. Acerca da inveja, também se exercita a alma na caridade para com o próximo. Se ainda tem inveja, não é mais imperfeita como antes, quando sentia pesar ao ver que os outros lhe eram preferidos e lhe levavam vantagem; agora, pelo contrário, de boa vontade lhes cede a dianteira, vendo-se tão miserável. E, se vem a ter inveja,

esta é virtuosa, desejando imitar o próximo, o que é sinal de muita perfeição.

9. Os langores e tédios, que aqui tem das coisas espirituais, não são mais viciosos como no passado, porque esses sentimentos provinham dos gostos espirituais, por vezes experimentados, os quais a alma pretendia ter novamente quando não lhe eram concedidos. Agora, não mais procedem da fraqueza em querer consolações, uma vez que Deus lha tirou em todas coisas, nesta purificação do apetite.

10. Além dos proveitos citados, há outros inumeráveis que se alcançam por meio desta seca contemplação. Acontece à alma, muitas vezes, estar no meio de securas e apertos, e, quando menos pensa, comunica-lhe o Senhor suavidade espiritual e amor puríssimo como luzes espirituais muito delicadas, cada qual de mais proveito e valor do que todas as anteriores. Contudo, a alma não julga assim, no princípio, pois a influência espiritual, que agora lhe é infundida, é delicadíssima, e não a percebe o sentido.

11. Finalmente, purificando-se das afeições e apetites sensitivos, consegue a liberdade do espírito, em que se vão granjeando os doze frutos do Espírito Santo. De modo admirável, também se livra das mãos dos três inimigos – demônio, mundo e carne. Como se desvanece o sabor e gosto sensitivo em todas as coisas, não tem mais o demônio, nem o mundo, nem a sensualidade, armas ou forças contra o espírito.

12. Estas securas fazem, pois, a alma caminhar puramente no amor de Deus. Já não se move a obrar por causa do gosto ou sabor da obra – como, porventura, fazia quando experimentava consolação –, mas age só para dar gosto a Deus. Não mais se torna presumida ou satisfeita como lhe acontecia no tempo da prosperidade, mas sim receosa e temerosa de si, sem ter satisfação alguma consigo mesma; e nisto está o santo temor que conserva e aumenta as

virtudes. As concupiscências e brios naturais são também mortificados nesta secura; pois, a não ser o gosto que Deus lhe infunde diretamente algumas vezes, é maravilha encontrar a alma, por diligência sua, consolação e deleite sensível em alguma obra ou exercício espiritual.

13. Nesta noite árida cresce a solicitude de Deus e as ânsias para servi-lo. Como aqui se vão secando os peitos da sensualidade, com os quais sustentava e criava os apetites que a arrastavam, permanece somente na alma – em secura e desnudez – esse desejo ardente de servir a Deus, aos olhos dele muito agradável. De fato, como diz Davi, o espírito atribulado é sacrifício para Deus (Sl 50,19).

14. Conhecendo, portanto, a alma, que esta árida purificação por onde passou lhe serviu de meio para obter e conseguir tantos e tão preciosos lucros, conforme já ficaram declarados, não faz muito em dizer este verso da canção que vamos comentando: "Oh, ditosa ventura! – saí sem ser notada". Querendo dizer: saí dos laços e sujeição dos apetites sensitivos e seus apegos, "sem ser notada", isto é, sem que os três inimigos já citados me pudessem impedir. Estes inimigos se servem dos apetites e gostos, como de laços para prender a alma, detendo-a para que não saia de si à liberdade do amor de Deus. Privados de tais meios, não podem fazer guerra à alma.

15. A contínua mortificação sossegou, pois, as quatro paixões da alma, que são gozo, dor, esperança e temor; as frequentes securas adormeceram os apetites naturais da sensualidade; os sentidos e as potências interiores se estabeleceram em perfeita harmonia, cessando as operações discursivas; tudo isto, conforme dissemos, constituía a gente moradora na parte inferior da alma a que chama "sua casa", e por isto diz:

Já minha casa estando sossegada.

◈ Capítulo XIV ◈
Declara-se este último verso
da primeira canção.

1. Uma vez esta casa da sensualidade sossegada, isto é, mortificada, as paixões acalmadas, os apetites quietos e adormecidos por meio desta ditosa noite da purificação do apetite sensitivo, saiu a alma a começar o caminho ou via do espírito, que é dos proficientes e adiantados, via a que por outro nome chamam também via iluminativa ou de contemplação infusa. Neste caminho, Deus vai por si mesmo apascentando e nutrindo a alma, sem que ela coopere ativamente com qualquer indústria ou raciocínio. Tal é, como já dissemos, a noite e purificação do sentido, dentro da alma. Naqueles que devem entrar depois na outra noite mais profunda do espírito, a fim de chegarem à divina união de amor com Deus (a que nem todos, senão pouquíssimos, costumam chegar), esta noite, de ordinário, é acompanhada de graves tribulações e tentações sensitivas, muito prolongadas, embora durem mais em alguns, e menos em outros. Com efeito, e certas pessoas se lhes manda o espírito de Satanás, isto é, o espírito de fornicação, para que lhes açoite os sentidos com abomináveis e fortes tentações, e lhes atribule o espírito com feias advertências, e torpes pensamentos, visíveis à imaginação, e isto por vezes lhes causa maior pena do que a morte.

2. Outras vezes se lhes acrescenta ainda, nesta noite, o espírito de blasfêmia, que anda atravessando todos os pen-

samentos e conceitos com blasfêmias intoleráveis, sugeridas às vezes com tanta força, na imaginação, a ponto de quase serem pronunciadas, causando às almas grave tormento.

3. Em outras ocasiões é dado também outro abominável espírito, a que Isaías chama *Spiritus vertiginis* (Is 19,14), não para os fazer cair, mas para exercitá-los. De tal maneira esse espírito lhes obscurece o sentido enchendo-os de mil escrúpulos e perplexidades, tão intrincadas a seu juízo, que jamais se satisfazem com coisa alguma, nem podem apoiar o raciocínio em qualquer conselho ou razão. É este um dos mais sérios aguilhões e horrores da noite do sentido, muito em afinidade com o que experimentam as almas na noite do espírito.

4. Estas tempestades e trabalhos são ordinariamente enviados por Deus, na noite e purificação sensitivas, aos espirituais que hão de passar depois à outra noite, embora nem todos passem adiante; são meios para que, castigados e esbofeteados, se vão deste modo exercitando, dispondo e enrijando os sentidos e potências para a união da Sabedoria que hão de receber depois. Porque, se a alma não for tentada, exercitada e provada com trabalhos e tentações, não pode despertar seu sentido para a Sabedoria. Por isto disse o Eclesiástico: "Quem não é tentado, que sabe? E quem não é provado, quais as coisas que conhece?" (Ecl 34,9-10). Desta verdade dá Jeremias bom testemunho quando diz: "Castigastes-me, Senhor, e fui ensinado" (Jr 31,18). E a maneira mais adequada deste castigo, para entrar na Sabedoria, são os trabalhos interiores de que falamos, pois são os que com maior eficácia purificam o sentido a respeito de todos os gostos e consolos a que com fraqueza natural estava apegado; aqui é a alma humilhada deveras para a sua futura exaltação.

5. O tempo, porém, em que é mantida a alma neste jejum e penitência do sentido, não se pode dizer ao certo

quanto dura; não acontece em todos do mesmo modo, nem são para todos as mesmas tentações, porque vai tudo medido pela vontade de Deus, e conforme à maior ou menor imperfeição a purificar em cada pessoa; depende também do grau de amor unitivo a que Deus quer levantar a alma, e assim Ele a humilhará mais ou menos intensamente, por maior ou menor tempo. Aqueles que têm capacidade e mais força para sofrer são purificados com mais intensidade e presteza. Aos que são muito fracos, purifica Deus mui remissamente e com leves tentações, levando-os por muito tempo pela noite, dando-lhes de ordinário alimento ao sentido para que não voltem atrás. Tarde chegam à pureza de perfeição nesta vida e alguns, jamais. Porque nem bem estão na noite, nem bem fora dela. Embora não passem adiante, exercita-os Deus em alguns períodos e dias naquelas tentações e securas, para que se conservem em humildade e conhecimento próprio; outras vezes e temporadas, Deus os ajuda com o consolo, para que não cheguem a desfalecer e voltem a buscar o gosto do mundo. A outras almas mais fracas anda o Senhor, ora se manifestando, ora se escondendo, para exercitá-las em seu amor, pois sem desvios não aprenderiam a chegar-se a Deus.

6. As almas, porém, que hão de passar a tão ditoso e alto estado como é a união de amor, por maior pressa com que Deus as leve, ordinariamente costumam permanecer muito tempo nestas securas e tentações, como a experiência comprova. Tempo é, pois, de começar a tratar da segunda noite.

Livro segundo
Da noite escura do espírito

❧ Capítulo I ❧
Começa-se a tratar da noite escura do espírito.
Diz-se a que tempo começa.

1. A alma que Deus há de levar adiante não é introduzida por Sua Majestade na noite do espírito logo ao sair das securas e trabalhos da primeira purificação e noite do sentido; ao contrário, costuma passar longo tempo, e mesmo anos em que, ultrapassando o estado dos principiantes, exercita-se na via dos adiantados. Como escapada de um estreito cárcere, anda nas coisas de Deus com muito maior liberdade e íntima satisfação, gozando de mais abundante deleite interior do que sucedia no princípio, antes de entrar naquela noite sensitiva. Já não traz a imaginação, nem as potências, atadas ao raciocínio, com preocupação espiritual, como anteriormente; mas com grande facilidade acha logo em seu espírito mui serena e amorosa contemplação, e sabor espiritual, sem trabalho discursivo. Contudo, não está ainda acabada a purificação da alma; falta a parte principal que é a do espírito; sem esta, pela íntima conexão que há entre o sentido e o espírito, que unidos formam uma só pessoa, a purificação sensitiva, por mais forte que haja sido, não está ainda acabada e perfeita. Por este motivo, nunca faltam à alma, de vez em quando, algumas privações e securas, trevas a angústias, às vezes muito mais intensas que as passadas. São como presságios e mensageiros da próxima noite do espírito, embora não permaneçam por

muito tempo, como há de suceder na noite em que a alma está para entrar; porque, havendo passado certo tempo, ou períodos, ou dias, nesta escuridão e tempestades, volta em breve à serenidade do costume. Assim purifica Deus algumas almas que não são chamadas a subir a tão alto grau de amor como as outras. Por períodos interpolados, Ele as põe nesta noite de contemplação e purificação espiritual, fazendo anoitecer e amanhecer com frequência, e nisto se realiza o que diz Davi: "Envia seu gelo, isto é, a contemplação, como aos bocados" (Sl 147,17). Contudo estes pedaços de contemplação obscura nunca chegam a ser tão intensos como o é aquela horrenda noite de contemplação de que vamos falar e na qual põe Deus a alma propositadamente a fim de levá-la à divina união.

2. O deleite e gosto interior já referidos, que estas almas já adiantadas acham e gozam com abundância e facilidade no seu íntimo, agora lhes são comunicados com muito maior prodigalidade do que antes; e do espírito redunda o mesmo sabor no sentido, com muito mais força do que experimentava a alma quando não havia passado ainda pela purificação sensitiva. A razão disso é que, por estar o mesmo sentido agora mais puro, mais facilmente pode provar os gostos do espírito a seu modo. E enfim, como esta parte sensitiva da alma é fraca e incapaz de suportar as impressões fortes do espírito, acontece que estes mais adiantados padecem – nesta comunicação espiritual refluindo nos sentidos – muitos abatimentos, incômodos e fraquezas de estômago, e, consequentemente, desfalecimentos também no espírito. Conforme diz o Sábio, "o corpo que se corrompe agrava a alma" (Sb 9,15). Portanto, essas comunicações exteriores não podem ser muito fortes, nem muito intensas, nem muito espirituais – como são exigidas para a divina união com Deus – por causa da fraqueza e corrupção da sensualidade que nelas toma sua parte. Da-

qui procedem os arroubamentos, os transportes, os desconjuntamentos de ossos, que costumam suceder quando as comunicações não são puramente espirituais; isto é, quando não são dadas só ao espírito, como acontece aos perfeitos. Nestes – já purificados pela segunda noite espiritual – cessam os arroubamentos e tormentos do corpo, porque gozam da liberdade do espírito sem que haja mais, por parte do sentido, prejuízo ou perturbação alguma.

3. E para que se entenda quão necessário é, aos adiantados, entrar na noite do espírito, notemos aqui algumas imperfeições e perigos que lhes são próprios.

❧ Capítulo II ❧
Outras imperfeições próprias aos adiantados.

1. Duas espécies de imperfeições têm os aproveitados: umas habituais, outras atuais. As habituais são os apegos e costumes imperfeitos que ainda permanecem, como raízes, no espírito, onde não pôde atingir a purificação sensível. Entre o que foi feito e o que há a fazer existe tanta diferença como entre os ramos e as raízes, ou como em tirar uma mancha fresca e outra muito entranhada e velha. Conforme já dissemos a purificação do sentido é apenas a porta e o princípio de contemplação que conduz à purificação do espírito; serve mais, como também referimos, para acomodar o sentido ao espírito, do que propriamente para unir o espírito a Deus: As manchas do homem velho permanecem ainda no espírito, embora a alma não as perceba, nem as veja. Eis por que, se elas não desaparecem com o sabão e a forte lixívia da purificação desta noite, não poderá o espírito chegar à pureza da união divina.

2. Têm ainda estes espirituais a *hebetudo mentis*, e a dureza natural que todo homem contrai pelo pecado, bem como a distração e derramamento do espírito. Convém, portanto, que seja ilustrado, esclarecido e recolhido por meio do sofrimento e angústia daquela noite. Estas imperfeições habituais, todos aqueles que não passaram além deste estado de progresso costumam tê-las; e não condizem, conforme dissemos, com o estado perfeito de união por amor.

3. Nas imperfeições atuais não caem todos do mesmo modo. Alguns, em razão de trazerem os bens espirituais tão manejáveis ao sentido, caem em maiores inconvenientes e perigos do que declaramos dos principiantes. Acham, a mãos cheias, grande quantidade de comunicações e apreensões espirituais, juntamente para o sentido e o espírito, e com muita frequência têm visões imaginárias e espirituais. Tudo isto, de fato, acontece, com outros sentimentos saborosos, a muitas almas neste estado, no qual o demônio e a própria fantasia, muito de ordinário, causam representações enganosas. Com tanto gosto costuma o inimigo imprimir e sugerir à alma essas apreensões e sentimentos, que com grande facilidade a encanta e engana, se ela não tiver cuidado de renunciar e defender-se fortemente na fé, contra todas estas visões e sentimentos. Aproveita-se aqui o demônio para fazer muitas almas darem crédito a ilusórias visões e falsas profecias. Procura fazê-las presumir de que Deus e os santos lhes falam, quando muitas vezes é a própria fantasia; costuma enchê-las também de presunção e soberba, e, atraídas pela vaidade e arrogância, mostram-se em atos exteriores que parecem de santidade, como são arroubamentos e outras manifestações externas. Tornam-se atrevidas para com Deus, perdendo o santo temor que é chave e custódia de todas as virtudes. Estas falsidades e enganos chegam a multiplicar-se tanto em algumas destas almas, e elas tanto se endurecem com o tempo em tais coisas, que se torna muito duvidosa a sua volta ao caminho puro da virtude e verdadeiro espírito. Nestas misérias vêm a dar, por terem começado a se entregar com demasiada segurança às apreensões e sentimentos espirituais, quando principiavam a aproveitar no caminho.

4. Haveria tanto a dizer sobre as imperfeições destes aproveitados, e mostrar como são mais incuráveis por as terem eles como mais espirituais do que as primeiras, que deixo de falar. Digo somente o seguinte, para fundamentar

a necessidade desta noite espiritual – isto é, a purificação – para a alma que há de passar adiante: nenhum só, destes aproveitados, por melhor que haja procedido, deixa de ter muitos daqueles apegos naturais e hábitos imperfeitos, necessitados de prévia purificação para poder passar a alma à união divina.

5. Além disto, como a parte inferior ainda participa nestas comunicações espirituais, não podem elas ser tão intensas, puras e fortes, segundo exige a união com Deus. Portanto, para chegar a esta união de amor, convém à alma entrar na segunda noite, do espírito. Então, despojado o sentido e o espírito perfeitamente de todas estas apreensões e sabores, caminha em obscura e pura fé, meio próprio e adequado para unir-se com Deus, segundo Ele diz por Oseias, com estas palavras: "Eu te desposarei na fé" (Os 2,20)[22], a saber, unir-te-ei comigo pela fé.

---

22. O texto diz: "Eu te desposarei com uma inviolável fidelidade".

❧ Capítulo III ❧
Anotação para o que se segue.

1. Estes espirituais vão, pois, por certo tempo, nutrindo os sentidos com suaves comunicações. Atraída e deliciada com o gosto espiritual que dimana da parte superior, a parte sensitiva une-se e põe-se em harmonia com o espírito. Alimentam-se, sentido e espírito juntos, cada um a seu modo, do mesmo manjar espiritual e no mesmo prato que nutre a ambos como a uma só pessoa. E assim, de certo modo irmanados e conformes em unidade, estão dispostos agora para, juntos, sofrer a áspera e dura purificação do espírito, que os espera. É aí que se há de purificar perfeitamente estas duas partes da alma – espiritual e sensitiva –, pois nunca se purifica bem uma sem a outra. De fato, a verdadeira purificação do sentido só se realiza quando começa deliberadamente a do espírito. Por isto, a noite do sentido, que descrevemos, mais propriamente se pode e deve chamar certa reforma e enfreamento do apetite, do que purificação. A razão é que todas as imperfeições e desordens da parte sensitiva derivam sua força e raiz do espírito, onde se formam todos os hábitos, bons e maus: e assim, enquanto este não é purificado, as revoltas e desmandos do sentido não o podem ser suficientemente.

2. Nesta noite de que vamos falar, purificam-se conjuntamente as duas partes. Para conseguir este fim, era necessário passar o sentido pela reforma da primeira noite, e chegar à bonança que dela resultou; e, unido agora com o espírito, poderão os dois, de certo modo, sofrer a purificação com mais fortaleza nesta segunda noite. Com efeito, é

mister tão grande ânimo para suportar tão dura e forte purificação que, se não houvesse a anterior reforma da fraqueza inerente à parte inferior, e se depois não tivesse cobrado força em Deus pela saborosa e doce comunicação com Ele, a natureza não sentiria coragem nem disposição para sofrer tal prova.

3. Estes adiantados na via espiritual agem de modo muito baixo e natural em seus exercícios e relações com Deus, pelo motivo de não terem ainda purificado e acrisolado o ouro do espírito. E, assim, "compreendem as coisas de Deus como pequeninos; falam de Deus como pequeninos; saboreiam e sentem a Deus como pequeninos", segundo diz São Paulo (1Cor 13,11). Isto sucede por não haverem chegado à perfeição, que é a união da alma com Deus. Em chegando a ela, tornam-se grandes, operando coisas magníficas em seu espírito, sendo então suas obras e potências mais divinas do que humanas, conforme será dito depois. Deus, em realidade, querendo despojá-los agora do velho homem e vesti-los do novo, criado segundo Deus na novidade do sentido, de que fala o Apóstolo (Ef 4,23-24), despoja-lhes, de fato, as potências, afeições e sentidos, tanto espirituais como sensíveis, exteriores e interiores. Deixa-os com o entendimento na escuridão, a vontade na secura, a memória no vazio; as afeições da alma em suma aflição, amargura e angústia. Priva a mesma alma do sentido e gosto que antes experimentava nos bens espirituais, a fim de que esta privação seja um dos princípios requeridos no espírito para a introdução nele, da forma espiritual, que é a união de amor. Tudo isto opera o Senhor na alma por meio de uma pura e tenebrosa contemplação, conforme ela o dá a entender na primeira canção. E, embora esta canção esteja explicada a respeito da primeira noite do sentido, a alma a entende principalmente em relação a esta segunda noite do espírito, que é a parte mais importante da purificação. E, assim, a este propósito queremos colocá-la e declará-la uma vez mais.

❧ Capítulo IV ❧
Põe-se a primeira canção e sua declaração.

Em uma noite escura,
De amor em vivas ânsias inflamada,
Oh! ditosa ventura!
Saí sem ser notada,
Já minha casa estando sossegada.

DECLARAÇÃO

1. Interpretemos agora esta canção, quanto à purificação, contemplação, desnudez ou pobreza de espírito – que tudo isto aqui é quase a mesma coisa. Podemos então declarar como segue, em que a alma diz: em pobreza, desamparo e desarrimo de todas as minhas apreensões, isto é, em obscuridade do meu entendimento, angústia de minha vontade, e em aflição e agonia quanto à minha memória, permanecendo na obscuridade da pura fé – que é na verdade noite escura para as mesmas potências naturais – só com a vontade tocada de dor e aflições, cheia de ânsias amorosas por Deus, saí de mim mesma. Saí, quero dizer, do meu baixo modo de entender, de minha fraca maneira de amar, e de meu pobre e escasso modo de gozar de Deus, sem que a sensualidade nem o demônio me tenham podido estorvar.

2. Esta saída foi grande sorte e feliz ventura para mim, porque, em acabando de aniquilar e sossegar as potências, paixões e apetites, nos quais sentia e gozava tão baixamente de Deus, passei do trato e operação humana, que me eram próprios, à operação e trato divino. A saber: meu entendimento saiu de si, mudando-se, de humano e natural,

em divino. Unindo-se a Deus nesta purificação, já não compreende pelo seu vigor e luz natural, mas pela divina Sabedoria à qual se uniu. Minha vontade saiu também de si, tornando-se divina: unida agora com o divino amor, já não ama humildemente com sua força natural e sim com a força e pureza do Espírito Santo, não mais agindo de modo humano nas coisas de Deus. E a memória igualmente converteu-se em apreensões eternas de glória. Enfim, todas as forças e afeições da alma, passando por esta noite e purificação do velho homem, se renovam em vigor e sabores divinos.

Segue-se o verso:

Em uma noite escura.

ꙮ Capítulo V ꙮ
Põe-se o primeiro verso, começando a explicar como esta contemplação obscura é para a alma não somente noite, mas também pena e tormento.

1. Esta noite escura é um influxo de Deus na alma, que a purifica de suas ignorâncias e imperfeições habituais, tanto naturais como espirituais. Chamam-na os contemplativos contemplação infusa, ou teologia mística. Nela vai Deus em segredo ensinando a alma e instruindo-a na perfeição do amor sem que a mesma alma nada faça, nem entenda como é esta contemplação infusa. Por ser ela amorosa sabedoria divina, Deus produz notáveis efeitos na alma, e a dispõe, purificando e iluminando, para a união de amor com Ele. Assim, a mesma amorosa Sabedoria que purifica os espíritos bem-aventurados, ilustrando-os, é que nesta noite purifica e ilumina a alma.

2. Surge, porém, a dúvida: por que à luz divina (que, conforme dissemos, ilumina e purifica a alma de suas ignorâncias) chama a alma agora "noite escura"? A isto se responde: por dois motivos esta divina Sabedoria é não somente noite e trevas para a alma, mas ainda pena e tormento. Primeiro, por causa da elevação da Sabedoria de Deus, que excede a capacidade da alma, e, portanto, lhe fica sendo treva; segundo, devido à baixeza e impureza da alma, e por isto lhe é penosa e aflitiva, e também obscura.

3. Para provar a primeira afirmação, convém supor certa doutrina do filósofo: quanto mais as coisas divinas são em si claras e manifestas, tanto mais são para a alma naturalmente obscuras e escondidas. Assim como a luz, quanto mais clara, tanto mais cega e ofusca a pupila da coruja; e quanto mais se quer fixar os olhos diretamente no sol, mais trevas ele produz na potência visual, paralisando-a, porque lhe excede a fraqueza. Do mesmo modo quando esta divina luz de contemplação investe a alma que ainda não está totalmente iluminada, enche-a de trevas espirituais; porque, não somente a excede, como também paralisa e obscurece a sua ação natural. Por este motivo, São Dionísio e outros místicos teólogos chamam a esta contemplação infusa "raio de treva". Isto se entende quanto à alma não iluminada e purificada, pois a grande luz sobrenatural desta contemplação vence a força natural da inteligência, privando-a do seu exercício. Por sua vez disse Davi: "Nuvens e escuridão estão em redor dele" (Sl 96,2); não porque isto seja realmente, mas por ser assim para os nossos fracos entendimentos, os quais, em tão imensa luz, cegam-se e se ofuscam, não podendo elevar-se tanto. Esta verdade o mesmo Davi o declarou em seguida, dizendo: "Pelo grande resplendor de sua presença, as nuvens se interpuseram" (Sl 17,13)[23], isto é, entre Deus e nosso entendimento. Daí procede que este resplandecente raio de secreta Sabedoria, derivando de Deus à alma ainda não transformada, produz escuras trevas no entendimento.

4. Está claro que esta obscura contemplação também é penosa para a alma, nos princípios. Com efeito, tendo esta divina contemplação infusa tantas excelências, extremamente boas, e a alma, ao invés, ainda estando cheia de tantas misérias em extremo más – por não estar purificada – não po-

---

23. Citação aproximada. O texto diz: "As nuvens se desfizeram".

dem caber dois contrários num só sujeito que é alma. Logo, necessariamente esta há de penar e padecer, sendo o campo onde se combatem os dois contrários que lutam dentro dela. Tal combate resulta da purificação das imperfeições, que se opera por meio desta contemplação. É o que vamos provar por indução, da seguinte maneira.

5. Primeiramente, como é muito clara e pura a luz e sabedoria desta contemplação, e a alma, por ela investida, está tenebrosa e impura, sente muito sofrimento ao receber essa luz, do mesmo modo que aos olhos indispostos, impuros e doentes, causa dor o dardejar de uma luz resplandecente. Esta pena que padece a alma, por estar ainda impura, é imensa, quando deveras tal divina luz a investe. Quando, de fato, a pura luz investe a alma, a fim de lhe expulsar a impureza, sente-se tão impura e miserável, que Deus lhe parece estar contra ela, e ela contra Deus. Donde, tanto é o sentimento e penar da alma, imaginando-se então rejeitada por Deus, que Jó considerava como um dos maiores trabalhos estar posto por Deus neste exercício, e assim o exprimia: "Por que me puseste contrário a ti, e sou grave e pesado a mim mesmo?" (Jó 7,20). Vendo aqui a alma claramente, por meio desta pura luz – embora nas trevas, – sua própria impureza, conhece com evidência que não é digna de Deus nem de criatura alguma. Aumenta-se-lhe a aflição ao pensar que jamais o será, e que já se acabaram aos seus bens. Esta impressão provém da imersão profunda de sua mente no conhecimento e sentimento de seus males e misérias. Todos eles lhe são postos diante dos olhos, por esta divina e obscura luz, dando-lhe a consciência clara de que em si mesma jamais poderá ter outra coisa. Podemos entender neste sentido aquela palavra de Davi que diz: "Pela iniquidade corrigiste o homem, e fizeste com que a sua alma se desfizesse como a aranha" (Sl 38,12).

6. Em segundo lugar, sofre a alma por causa de sua fraqueza natural, moral e espiritual; quando esta divina con-

templação a investe com alguma força, a fim de fortale-cê-la e domá-la, de tal maneira a faz sofrer em sua fraqueza que por um pouco desfalecerá – o que particularmente se verifica algumas vezes, quando investe com força um pou-co maior. Então o sentido e o espírito, como se estivessem debaixo de imensa e obscura carga, penam e agonizam tan-to, que a alma tomaria por alívio e favor a morte. Ao expe-rimentar Jó esta pena, dizia: "Não quero que contenda co-migo com muita fortaleza, nem que me oprima com o peso de sua grandeza" (Jó 23,6).

7. Sob a força desta operação e peso, sente-se a alma tão longe de ser favorecida, a ponto de lhe parecer que aquilo mesmo que antes a ajudava se acabou com o demais, e não há quem se compadeça dela. A este propósito disse também Jó: "Compadecei-vos de mim, compadecei-vos de mim, ao menos vós, meus amigos, porque a mão do Se-nhor me tocou" (Jó 19,21). Causa grande espanto e lástima ser tanta a fraqueza e impureza da alma, que, embora a mão de Deus seja por si mesma tão branda e suave, a pró-pria alma a sinta agora tão pesada e contrária; ora, esta mão divina não pesa nem faz carga, mas apenas toca, e isto o faz misericordiosamente, com o fim de conceder graças à alma, e não de castigá-la.

❧ Capítulo VI ❧
Outras maneiras de sofrimento que a alma padece nesta noite.

1. A terceira espécie de sofrimento e pena que a alma agora padece provém de outros dois extremos que aqui se encontram: o divino e o humano. O divino é esta contemplação purificadora, e o humano a própria alma que a recebe. O divino a investe a fim de renová-la, para que se torne divina: despoja-a de suas afeições habituais e das propriedades do homem velho, às quais está a mesma alma muito unida, conglutinada e conformada. E de tal maneira é triturada e dissolvida em sua substância espiritual, absorvida numa profunda e penetrante treva, que se sente diluir e derreter na presença e na vista de suas misérias, sofrendo o espírito como uma morte cruel. Parece-lhe estar como tragada por um bicho no seu ventre tenebroso, e ali ser digerida; assim, padece as angústias que Jonas sofreu no ventre daquele monstro marinho. De fato, é necessário à alma permanecer neste sepulcro de obscura morte, para chegar à ressurreição espiritual que espera.

2. Este gênero de tormento e pena, verdadeiramente indizível, descreve-o Davi, ao dizer: "Cercaram-me os gemidos da morte... as dores do inferno me rodearam; em minha tribulação clamei" (Sl 17,5-7). O que, porém, mais faz penar esta alma angustiada, é o claro conhecimento, a seu parecer, de que Deus a abandonou, e que, detestando-a, arrojou-a nas trevas. Na verdade, grave e lastimoso

sofrimento é para a alma crer que está abandonada por Deus. Isto sentiu Davi extremamente em si mesmo, quando disse: "Do mesmo modo que os chagados que dormem nos sepulcros, desamparados já por tua mão, e de quem já te não mais lembras; assim me puseram em um fosso profundo, em lugar tenebroso, e na sombra da morte; sobre mim pesou o teu furor, e todas as tuas ondas descarregaste sobre mim" (Sl 87,6-8). Com efeito, quando verdadeiramente a contemplação purificadora aperta a alma, esta sente as sombras e gemidos da morte, e as dores do inferno, de modo vivíssimo, pois sente-se sem Deus, castigada e abandonada, e indigna dele que dela está enfadado. Todo este sofrimento experimenta aqui a alma, e ainda mais, porque lhe parece que assim será para sempre.

3. O mesmo desamparo e desprezo sente a alma, da parte de todas as criaturas, e especialmente dos amigos. Eis por que prossegue logo Davi, dizendo: "Afastaste de mim todos os meus conhecidos; tiveram-me por objeto de sua abominação" (Sl 87,9). De tais sofrimentos dá bom testemunho o Profeta Jonas, como quem os experimentou corporal e espiritualmente, estando no ventre da baleia, e assim o exprime: "Arrojaste-me ao mais profundo do mar e a corrente das águas me cercou; todos os teus pélagos e todas as tuas ondas passaram por cima de mim. E eu disse: Fui rejeitado de diante de teus olhos; eu, contudo, verei ainda o teu santo Templo (isto diz, porque aqui purifica Deus a alma para que o veja). "Cercaram-me as águas até à alma; o abismo me encerrou em si, as ondas do mar me cobriram a cabeça. Eu desci até às extremidades dos montes; os ferrolhos da terra me encerram para sempre" (Jn 2,4-7). Por "ferrolhos" se entendem, nesta passagem, as imperfeições da alma, que a impedem de gozar esta saborosa contemplação.

4. O quarto gênero de padecimento da alma é causado por outra excelência desta obscura contemplação, a saber, sua majestade e grandeza; daí nasce o sentimento do extre-

mo oposto, de íntima pobreza e miséria, que há na alma; e este é um dos principais tormentos que sofre nesta purificação. Sente então, em si mesma, um profundo vazio e pobreza, quanto às três espécies de bens que se ordenam ao seu gosto, isto é, os bens temporais, naturais e espirituais; vê-se cercada dos males contrários, que são misérias de imperfeições, securas e vazios no exercício de suas potências, e desamparo do espírito em treva. Como Deus purifica, nesta noite, a alma, segundo a substância sensitiva e espiritual, e, segundo as potências interiores e exteriores, convém seja a alma posta em vazio, pobreza e desamparo de todas as partes, e deixada seca, vazia, e em trevas. A parte sensitiva é pois purificada na secura; as potências, no vazio de suas apreensões, e o espírito, em escura treva.

5. Tudo isto opera Deus por meio desta obscura contemplação. Nela não somente padece a alma o vazio e suspensão de todas as percepções e apoios naturais – padecer na verdade muito aflitivo, como se a alguém enforcassem, ou detivessem em atmosfera irrespirável –, mas também sofre a purificação divina que, à semelhança do fogo nas escórias e ferrugem do metal, vai aniquilando, esvaziando e consumindo nela todas as afeições e hábitos imperfeitos contraídos em toda a vida. Como estas imperfeições estão muito arraigadas na substância da alma, costuma então sofrer grave destruição e tormento interior, além da pobreza e vazio, natural e espiritual, de que já falamos. Deste modo se realiza aqui a palavra inspirada de Ezequiel quando disse: "Junta os ossos uns sobre os outros, para que eu os faça queimar no fogo; as carnes consumir-se-ão, e toda esta mistura ficará cozida, e os ossos queimados" (Ez 24,10). Assim é dada a entender a pena que padece a alma no vazio e pobreza de sua íntima substância sensitiva e espiritual. O mesmo Ezequiel continua, dizendo, a este propósito: "Ponde-a também assim sobre as brasas para que ela o aqueça, e o seu cobre se derreta; e se funda no meio dela a sua imun-

dície, e se consuma a sua ferrugem" (Ez 24,11). É significado nestas palavras o grave tormento da alma na purificação do fogo desta contemplação. Quer dizer o profeta o quanto é necessário – para que em verdade se purifiquem e fiquem e desfaçam as escórias dos apegos, agarrados à alma – o aniquilamento e destruição dela mesma, de tal forma se tornaram nela como uma segunda natureza estas paixões e hábitos imperfeitos.

6. Nesta fornalha "se purifica a alma como o ouro no crisol", conforme diz o Sábio (Sb 3,6), e, assim, parece que se lhe desfaz a sua mesma substância, com extremada pobreza, na qual está se consumindo. Isto se pode ver no que diz Davi dele próprio, com respeito a essa purificação, quando clama a Deus por estas palavras: "Salvai-me, Senhor, porque entraram as águas até a minha alma – estou atolado num lodo profundo, e não encontro onde pôr o pé. Cheguei ao alto-mar, e a tempestade me submergiu. Estou cansado de gritar, enrouqueceu a minha garganta; desfaleceram meus olhos, enquanto espero no meu Deus" (Sl 68, 2-4): aqui Deus humilha sobremodo a alma, para sobremodo elevá-la depois. E, se Ele não ordenasse que estes sentimentos, quando se avivam na alma, depressa sossegassem, ela morreria em mui breves dias; mas são interpolados os períodos em que lhes experimenta a íntima acuidade. Algumas vezes, no entanto, chega a alma a sentir tão ao vivo, que lhe parece ver aberto o inferno e certa a sua perdição. Estas almas verdadeiramente são as que descem vivas ao inferno, porque se purificam aqui na terra como se ali estivessem; e esta purificação é a que havia de fazer lá. E, assim, a alma, sofrendo tal purificação, ou não entrará no fogo da outra vida, ou nele se há de deter muito pouco, porque é de maior proveito uma hora deste sofrimento aqui na terra, do que muitas depois da morte.

✤ *Capítulo VII* ✤
Continuação do mesmo assunto: outras aflições e angústias da vontade.

1. As aflições e angústias da vontade nesta noite são também imensas. Algumas vezes chegam mesmo a traspassar a alma com a súbita lembrança dos males em que se vê metida, e com a incerteza de seu remédio. Ajunta-se a isto a memória das prosperidades passadas; porque, ordinariamente, as almas que entram nesta noite já tiveram muitas consolações de Deus e prestaram-lhe grandes serviços. Sentem, portanto, maior dor, vendo-se tão alheias àqueles favores, sem poder mais recuperá-los. É a experiência que Jó exprime por essas palavras: "Eu, aquele em outro tempo tão opulento, de repente encontro-me reduzido a nada e esmagado; tomou-me pelo pescoço, quebrantou-me e pôs-me como alvo para ferir-me. Cercou-me com suas lanças, chagou-me os rins, não me perdoou e espalhou pela terra as minhas entranhas. Despedaçou-me, com feridas sobre feridas; investiu contra mim como forte gigante. Levo um saco cosido sobre a minha pele, e cobri de cinza a minha carne. À força de chorar, inchou-se-me o rosto, e cegaram-me os olhos" (Jó 16,13-17).

2. Tantas e tão graves são as penas desta noite, e tantas citações há na Escritura Sagrada que se poderiam alegar a este propósito, que nos faltaria tempo e forças para escrevê-lo. Aliás, tudo o que se pode expressar é certamente muito abaixo da realidade. Pelo textos já citados, poder-se-á

vislumbrar o que seja. Para ir concluindo a explicação deste verso, e para dar a entender melhor o que realiza na alma esta noite, direi o que dela sente Jeremias. Tão extremo é o seu sofrimento, que ele se lamenta e chora com muitas palavras: "Eu sou o varão que vejo minha miséria debaixo da vara da indignação do Senhor. Ameaçou-me e levou-me às trevas e não à luz. Não fez senão virar e revirar contra mim a sua mão o dia todo! Fez envelhecer a minha pele e a minha carne, e quebrantou os meus ossos. Edificou (uma cerca) ao redor de mim e cercou-me de fel e trabalho. Colocou-me nas trevas, como os que estão mortos para sempre. Cercou-me de um muro para que não possa sair; tornou pesados os meus grilhões. E ainda que eu clame e rogue, rejeita minha oração. Fechou-me o caminho com pedras de silharia; subverteu as minhas veredas. Pôs contra mim espreitadores; tornou-se para mim qual leão de emboscada. Subverteu meus passos, e quebrantou-me; pôs-me na desolação. Armou o seu arco e pôs-me como alvo à seta. Cravou-me nas entranhas as setas da sua aljava. Tornei-me o escárnio de todo o meu povo, objeto de riso e mofa todo o dia. Encheu-me de amargura, embriagou-me com absinto. Quebrou-me os dentes e alimentou-me de cinza. De minha alma está desterrada a paz; já não sei o que é felicidade. E eu disse: frustrado e acabado está meu fim, minha pretensão e esperança no Senhor. Lembra-te de minha pobreza e de minha aflição, do absinto e do fel. Eu repassarei estas coisas no meu coração, e minha alma definhará dentro de mim" (Lm 3,1-20).

3. Todas estas lamentações são feitas por Jeremias sobre tais penas e trabalhos, pintando muito ao vivo os padecimentos da alma nesta purificação e noite espiritual. Convém, portanto, ter grande compaixão desta alma que Deus põe nesta tempestuosa e horrenda noite. Sem dúvida, para ela é muito boa sorte sofrer assim, pelos grandes bens que daí lhe hão de provir; porque Deus há de tirar das trevas

profundos bens, e fazer jorrar luz das sombras da morte, como diz Jó (Jó 12,22). E, como declara Davi, virá a ser sua luz tão grande como o foram as trevas (Sl 138,12). É imenso, contudo, o sofrer em que anda a alma penando, e grande a incerteza que tem de seu remédio. Crê, como afirma ainda o mesmo Profeta Davi, que jamais se há de findar sua desventura. Parece-lhe ter sido colocada por Deus nas obscuridades, como aos mortos de há séculos, angustiando-se por isto no seu espírito, e turbando-se em seu coração, conforme diz ainda o salmista (Sl 142,3). É justo, pois, que tenhamos muita pena e compaixão desta alma; tanto mais que, em razão da soledade e desamparo causados por esta tenebrosa noite, se lhe acrescenta o sofrimento de não achar consolo ou arrimo em nenhuma doutrina, nem em diretor espiritual algum. Por mais que, de muitas maneiras, sejam mostrados os motivos de consolação que pode a alma ter nestas penas, pelos bens que elas encerram, não o pode crer. Como está tão embebida e imersa no sentimento dos males em que conhece com muita evidência suas próprias misérias, parece-lhe que os outros não veem o que ela vê e sente, e assim, por não a compreenderem, falam daquele modo. Daí brota novo sofrimento: imagina que não é aquele o remédio para o seu mal e na verdade assim é. Até que o Senhor acabe, efetivamente, de purificá-la, do modo que ele o quer, nenhum remédio ou meio serve nem aproveita para este seu penar. Tanto mais é verdade, quanto a alma menos pode agir neste estado. Está como prisioneira em obscura masmorra, atada de pés e mãos, sem poder mover-se, nem ver coisa alguma, longe de sentir qualquer favor do céu, ou da terra. Assim há de permanecer, até que se humilhe, abrande e purifique o espírito, tornando-se ele tão simples e fino, que possa fazer um com o espírito de Deus, segundo o grau de união de amor que ele, na sua misericórdia, quiser conceder-lhe. Em consequência, a purificação será mais ou menos forte, e durará mais ou menos tempo.

4. Se há de ser, porém, verdadeira purificação, durará alguns anos, por forte que seja. Contudo, no meio deles, há alternativas de consolação, nas quais, por dispensação de Deus, esta contemplação obscura cessa de investir em forma e modo de purificação, para fazê-lo de modo iluminativo e amoroso. A alma, então, como saída daquelas prisões, é posta em recreação de desafogo e liberdade, gozando e sentindo mui suave paz, na intimidade amorosa de Deus, com facilidade e abundância de comunicação espiritual. Isto é indício da saúde que a alma vai cobrando nesta purificação; bem como prenúncio da fartura que espera. Às vezes chega a ser tão grande a consolação, que lhe parece estarem terminadas as suas provações. Tal é a natureza das coisas espirituais para a alma, sobretudo quando são mais puramente espirituais: se são trabalhos, parece que jamais há de sair deles, e estão acabados os bens, conforme vimos nos textos já citados; e se são bens do espírito, igualmente parece à alma que se acabaram de uma vez os seus males, e permanecerão sempre os bens, conforme confessou Davi ao ver-se cheio de consolações, dizendo: "Eu disse em minha abundância, não me moverei para sempre" (Sl 29,7).

5. Assim acontece porque a atual posse de um contrário, no espírito, por si mesma remove a posse atual e sentimento do outro contrário — não se dá o mesmo na parte sensitiva da alma, por ser fraca a sua capacidade de apreensão. Como o espírito, nesta altura da purificação, não está ainda de todo purificado e limpo das afeições contraídas na parte inferior — embora como espírito não se mude —, poderá ainda voltar aos sofrimentos anteriores, por estar preso àquelas afeições. Vemos que assim sucedeu a Davi, quando tornou a sentir muitas dores e penas, embora, no tempo da abundância de consolações, lhe parecesse que ele não mais se demoveria, e por isto dizia que "não se moveria jamais". A alma, de modo análogo, ao ver-se cheia daquela profusão de consolações espirituais, não perceben-

do a raiz de imperfeição e impureza que ainda lhe resta, julga seus trabalhos para sempre acabados.

6. Este pensamento, contudo, vem à alma poucas vezes; pois, até que esteja terminada a purificação espiritual, ordinariamente não costumam ser essas suaves comunicações interiores com tanta abundância, a ponto de encobrir a raiz que ainda resta dos seus males. Consequentemente, a alma não deixa de sentir, lá no seu íntimo, um não sei que a lhe faltar, ou ainda por fazer, e isto não lhe permite gozar plenamente daqueles alívios; percebe no interior de si mesma como um inimigo que, embora adormecido e sossegado, lhe dá sempre receio de que venha a despertar e a fazer das suas. E, de fato, assim acontece. Quando mais segura se sente a alma e, por isto mesmo, menos se acautela, volve a ser tragada e absorvida em outro grau pior da noite, mais duro, tenebroso e aflitivo do que o precedente, o qual durará outro período, porventura, mais longo do que o anterior. Novamente, então, vem a crer que todos os bens estão acabados para sempre. Não lhe basta a experiência da prosperidade passada, da qual gozou após a primeira tribulação, julgando, nesse tempo, que não haveria mais penas: continua a pensar, nesta segunda fase de sofrimento, que todos os bens se acabaram e não mais voltarão, como sucedeu da primeira vez. Esta convicção tão firme se estabelece na alma, como tenho dito, por causa da atual apreensão do espírito, que aniquila nele toda outra ideia contrária.

7. Está aí a razão pela qual as almas detidas no purgatório padecem grandes dúvidas sobre se hão de sair jamais daquele lugar, e se as suas penas terão fim. Embora tenham de modo habitual as três virtudes teologais, fé, esperança e caridade, todavia o sentimento atual das penas que sofrem, e da privação de Deus, não lhes permite gozar então do benefício e consolo dessas virtudes. Evidentemente conhecem que amam a Deus: mas isto não lhes traz consolação, porque não lhes parece serem amadas por ele, nem se jul-

gam dignas disso. Antes, como se veem privadas de Deus, e mergulhadas em suas próprias misérias, imaginam que há nelas muito motivo para serem aborrecidas e desprezadas por ele, com muita razão, e para sempre. E assim a alma, aqui nesta purificação, vê que quer bem a Deus, e daria mil vidas por Ele (o que é bem verdade, porque no meio destes trabalhos as almas amam a Deus com todas as suas forças); contudo, não sente alívio algum, e sim ainda mais sofrimento. Pois, amando-o tanto, e não pondo em outra coisa a sua solicitude senão em Deus, vê-se ao mesmo tempo tão miserável, que não se pode persuadir do amor de Deus por ela, nem de motivo algum, presente ou futuro, para ser dele amada. Ao contrário, vê, nela própria, razões de ser aborrecida, não somente de Deus, mas também de toda criatura para sempre. É isto o que mais lhe dói: ver em si mesma motivos para ser rejeitada por aquele a quem ela tanto ama e deseja.

✎ Capítulo VIII ✎
Outras penas que afligem a alma neste estado.

1. Há ainda aqui outra coisa que atormenta e desconsola muito a alma: como esta obscura noite mantém as suas potências e afeições impedidas, não pode levantar o afeto e a mente para Deus, nem consegue rezar; parece-lhe que o Senhor pôs uma nuvem diante dela a fim de não chegar a Ele a sua oração, como diz de si Jeremias. É esta, com efeito, a significação do referido texto em que diz o profeta: "Trancou-me e fechou-me os caminhos com pedras quadradas" (Lm 3,44). Se algumas vezes a alma reza, é tão sem gosto e sem força, que lhe parece não a ouvir Deus nem fazer caso. O profeta dá a entender isto na mesma passagem, dizendo: "Se clamo e suplico, desdenha a minha oração" (ib. 8). Na verdade, não é este o tempo propício de falar com Deus, e sim de "pôr a boca no pó", como diz Jeremias (ib. 29), esperando que "porventura lhe venha algum motivo de esperança", e sofrendo com paciência a sua purificação. É o próprio Deus que está agora fazendo sua obra passivamente na alma; por isto, ela nada pode por então. Nem ao menos rezar ou assistir atentamente aos exercícios divinos lhe é possível, nem tampouco tratar de coisas ou negócios temporais. E não é somente isto: tem muitas vezes tais alheamentos e tão profundos esquecimentos na memória, que chega a passar largo tempo sem saber o que fez nem pensou, ou o que faz, ou ainda o que

vai fazer; não lhe é possível nessas ocasiões prestar atenção, embora o queira, em coisa alguma de que se ocupa.

2. Aqui nesta noite, não é apenas purificado o entendimento em sua luz natural, e a vontade em suas afeições, mas também a memória, em suas atividades e conhecimentos. Convém, portanto, que se aniquile a respeito de tudo isso, realizando aquilo que diz Davi, falando de si mesmo nesta purificação: "Fui aniquilado e não o soube" (Sl 72, 22)[24]. Este "não saber" refere-se às ignorâncias e esquecimentos da memória – alheamentos e olvidos causados pelo recolhimento interior no qual esta contemplação absorve a alma. Com efeito, para que a alma fique disposta e bem adaptada ao divino, com as potências preparadas para a união de amor com Deus, convinha primeiro ser absorvida com todas elas nesta divina e obscura luz espiritual de contemplação, e assim ficar abstraída de todas as afeições e apreensões criadas. Isto se faz, em cada caso, na medida da intensidade da contemplação. Quando, pois, esta divina luz investe a alma com maior simplicidade e pureza, tanto mais a obscurece, esvazia e aniquila em todos os seus conhecimentos e afeições particulares, seja se refiram a coisas celestes ou a coisas terrestres. E quando essa luz é menos pura e simples, a privação da alma é menor e menos obscura. Parece incrível dizer que a luz sobrenatural e divina tanto mais obscurece a alma, quanto mais tem de claridade e pureza; e que menor seja a obscuridade quando a luz é menos clara e pura. Entenderemos bem esta verdade se considerarmos o que já ficou provado mais acima, com a sentença do Filósofo: as coisas sobrenaturais são tanto mais obscuras ao nosso entendimento quanto mais luminosas e manifestas em si mesmas.

---

24. Citação aproximada. Diz o texto: "Também eu fui reduzido a nada, e não o entendi".

3. A fim de dar a entender mais claramente, vamos pôr aqui uma comparação tirada da luz natural e comum. Olhemos o raio de sol entrando pela janela: quanto mais puro e limpo está de átomos e poeiras, tanto menos distintamente é visto; e, pelo contrário, quanto mais átomos e poeiras e detritos tem a atmosfera, tanto mais visível aparece aos nossos olhos. A causa é a seguinte: a luz não é vista diretamente em si mesma, mas é o meio pelo qual vemos todas as coisas que ela ilumina. E pela sua reverberação nos objetos, percebem-na nossos olhos: não fora esse reflexo, não seriam vistos os objetos, nem a luz. E assim, se o raio de sol entrasse pela janela de um aposento atravessando-o pelo meio, de lado a lado, e não encontrasse objeto algum, nem houvesse átomos de poeira no espaço, em que pudesse refletir-se, não haveria mais luz no aposento do que antes, e não se veria o raio. Ao contrário, se olhássemos com atenção, observaríamos como estaria mais escuro o lugar atravessado pela luz; porque tiraria algo da outra luz já existente no aposento, uma vez que não se vê o raio luminoso quando não há objetos visíveis sobre os quais ele se possa refletir.

4. Eis aí o que, sem mais nem menos, faz este divino raio de contemplação na alma. Investindo-a com sua luz divina, ultrapassa a luz natural da alma, e com isto a obscurece, privando-a de todos os conhecimentos e afeições naturais que recebia mediante a sua própria luz. Por conseqüência, deixa-a não somente às escuras, mas também vazia em suas potências e apetites, tanto espirituais como naturais. Deixando-a assim vazia e na escuridão, purifica-a e ilumina-a com divina luz espiritual, sem que a alma possa pensar que esteja iluminada, e sim nas trevas. É, conforme dissemos, como o rio, que embora estando no meio do aposento, se está livre e puro sem refletir-se em coisa alguma, não é visto. Quando, porém, esta luz espiritual, investindo a alma, encontra algo em que refletir-se, isto é, quan-

do se oferece algo de perfeição ou imperfeição espiritual para ser entendido, seja mesmo um átomo pequeníssimo, ou um juízo a fazer do que é falso ou verdadeiro, logo a alma o percebe, e entende então muito mais claramente do que antes de haver sido mergulhada nestas trevas. Do mesmo modo, a luz espiritual que recebe ajuda-a a conhecer com facilidade a imperfeição que se apresenta. Assim o raio de sol, que está no aposento sem ser visto, conforme já dissemos: embora não seja visto, se passarmos a mão ou algum objeto através dele, logo se verá a mão ou o objeto, ou perceber-se-á haver ali a luz do sol.

5. Por ser esta luz espiritual tão simples, pura e geral, não se prendendo nem particularizando a coisa alguma especialmente inteligível – pois mantém as potências da alma vazias e aniquiladas a respeito de todos os seus conhecimentos –, com muita facilidade e generalidade leva a alma a conhecer e penetrar qualquer coisa do céu ou da terra, que se apresente. Por isto disse o Apóstolo: "O espiritual todas as coisas penetra, até as profundezas de Deus" (1Cor 2,12). É desta sabedoria simples e geral que se entende a palavra do Espírito Santo pela boca do Sábio: "Atinge tudo, por causa de sua pureza" (Sb 7,24), isto é, porque não se particulariza a algum conhecimento inteligível, ou afeição determinada. Esta é a propriedade do espírito purificado e aniquilado em todas as suas afeições e inteligências particulares: não gozando nem entendendo coisa alguma determinada, permanecendo em seu vazio, em obscuridade e trevas, está muito disposto a abraçar tudo. E assim se verifica nele a palavra de S. Paulo: "Nada tendo, tudo possuímos" (2Cor 6,10). Porque tal bem-aventurança é devida a tal pobreza de espírito.

∾ Capítulo IX ∾
Explica-se como esta noite é destinada a esclarecer e dar luz ao espírito, embora o obscureça.

1. Falta-nos agora dizer, pois, como esta ditosa noite, embora produza trevas no espírito, só o faz para dar-lhe luz em todas as coisas. Se ela o humilha e torna miserável, é apenas com o fim de exaltá-lo e levantá-lo; e quando o empobrece e despoja de toda posse e apego natural, visa dilatá-lo no gozo e gosto de todas as coisas do céu e da terra, com liberdade de espírito extensiva a tudo em geral. Os elementos da natureza, para que se combinem em todos os seus compostos e seres naturais, devem estar livres de qualquer particularidade de cor, cheiro ou sabor, a fim de poderem adaptar-se a todos os sabores, cheiros e cores. De modo análogo, convém ao espírito estar simples, puro e desapegado de todas as espécies de afeições naturais, tanto atuais como habituais, para poder comunicar-se livremente, em dilatação espiritual, com a divina Sabedoria, na qual ele goza, por sua pureza, de todas as coisas com certa eminência de perfeição. Sem esta purificação, porém, de modo algum poderá o espírito sentir nem gozar a satisfação de toda esta abundância de sabores espirituais. Basta um só apego ou particularidade a que o espírito esteja preso, seja por hábito ou por ato, para não sentir nem gozar dessa delicadeza e íntimo sabor do espírito de amor, que contém em si eminentemente todos os sabores.

2. Os filhos de Israel, unicamente porque conservavam um só apego e lembrança das carnes e manjares saboreados no Egito, não podiam gostar do delicado pão dos anjos no deserto – o maná, que, no dizer da Sagrada Escritura, encerrava a doçura de todos os sabores e se adaptava ao gosto de cada pessoa (Sb 16,21). O mesmo se dá com o espírito: enquanto estiver ainda apegado a alguma afeição, seja atual ou habitual, ou se detiver em conhecimentos particulares e quaisquer outras apreensões, não poderá chegar a gozar os deleites do espírito de liberdade conforme a vontade o deseja. A razão disto é a seguinte: as afeições, sentimentos e apreensões do espírito perfeito, sendo de certo modo divinos, são, pela sua eminência, de outra espécie e gênero tão diferente das naturais, que para possuir aquelas é preciso expulsar e aniquilar estas; porque dois contrários não podem subsistir ao mesmo tempo num só sujeito. É, portanto, muito conveniente e necessário, para chegar a essas grandezas, que esta noite escura de contemplação primeiro aniquile a alma e a desfaça em suas baixezas, deixando-a na escuridão, na secura, na angústia e no vazio; porque a luz que lhe será dada é uma altíssima luz divina, excedente a toda luz natural, e, portanto, incompreensível naturalmente ao entendimento.

3. Para que, pois, o entendimento possa chegar a unir-se com essa altíssima luz, e ser divinizado no estado de perfeição, convém seja primeiramente purificado e aniquilado quanto à sua luz natural, ficando no estado atual de trevas, por meio desta obscura contemplação. Estas trevas hão de permanecer tanto quanto for mister para expelir e aniquilar o hábito contraído desde muito tempo em sua maneira natural de entender; a esse hábito, então, substituir-se-á a ilustração e luz divina. Como o espírito entendia antes com a força de sua luz natural, daí resulta serem as trevas, que padece, profundas, horríveis e muito penosas; ele as sente em sua mais íntima substância, e por isto parecem trevas

substanciais. De modo semelhante, o amor, que lhe será dado na divina união de amor, é divino, e, portanto, muito espiritual, sutil e delicado, excedendo a todo afeto e sentimento da vontade, bem como a todas as suas tendências; por esta razão é conveniente também que a vontade, para poder chegar à experiência e gozo desta divina afeição e altíssimo deleite na união de amor – a que não pode chegar naturalmente –, seja antes purificada e aniquilada em todas as suas afeições e sentimentos. É necessário que permaneça na secura e na angústia todo o tempo conveniente, conforme o hábito precedente de suas afeições naturais, seja em relação às coisas divinas ou humanas; e assim, extenuada, seca e bem purificada, no fogo desta obscura contemplação, de todo o gênero de demônios (como o coração do peixe de Tobias sobre as brasas) tenha disposição pura e simples, e paladar purificado e são, para perceber os altíssimos e peregrinos toques do divino amor. Nesse amor ver-se-á então transformada divinamente, desaparecidas de uma vez todas as contrariedades atuais e habituais que, segundo já dissemos, tinha anteriormente.

4. É para essa divina união de amor que se dispõe e encaminha a alma, mediante esta noite escura. Para atingir tão alto fim, há de estar a mesma alma dotada e cheia de certa magnificência gloriosa em sua comunicação com Deus, a qual encerra em si inumeráveis bens, e cujos deleites ultrapassam toda a abundância de que a alma é naturalmente capaz; pois é impossível à sua condição natural, fraca e impura, receber tanto. Isaías testifica esta verdade, dizendo: "O olho não viu, nem o ouvido ouviu, nem caiu em coração humano o que Deus reservou aos que o amam" (Is 64,3)[25]. Convém, portanto, à alma ficar primeiro no vazio e na po-

---

25. Citação aproximada. O texto diz: "Não chegou a ouvido nem olho jamais viu outro deus fora de vós fazer tanto por quem nele confia".

breza do espírito, purificada de todo apoio, consolo ou percepção natural, a respeito de todas as coisas divinas e humanas; e assim vazia, seja verdadeiramente pobre de espírito, bem como despojada do homem velho, a fim de viver aquela nova e bem-aventurada vida que por meio desta noite se alcança, e que é o estado de união com Deus.

5. Além de tudo isto, a alma virá a ter um novo senso e conhecimento divino, muito abundante e saboroso, em todas as coisas divinas e humanas, que não pode ser encerrado no sentir comum e no modo de saber natural; porque então tudo verá com olhos bem diferentes de outrora – diferença essa tão grande, como a que vai do sentido ao espírito. Para isto é necessário que o espírito se afine e seja curtido, quanto ao seu modo natural e comum de conhecer; e posto, então, mediante a noite de contemplação purificadora, em grande angústia e aperto. Ao mesmo tempo a memória é também afastada de todo o conhecimento amorável e pacífico, experimentando interiormente uma espécie de estranheza e alheamento em todas as coisas, como se tudo lhe fosse diferente e de outra maneira do que costumava ser. Assim, pouco a pouco, vai esta noite tirando o espírito do seu modo ordinário e vulgar de sentir, e ao mesmo tempo elevando-o ao sentir divino, o qual é estranho e alheio de toda a maneira humana. A alma julga então viver fora e si, no meio destas penas; outras vezes põe-se a pensar se será encantamento aquilo que experimenta, ou algum feitiço; anda maravilhada com as coisas que vê e ouve, parecendo-lhes estranhas e peregrinas, e, no entanto, são as mesmas de sempre. A razão disso é estar se afastando e se alheando do modo comum de sentir e entender tudo; e assim aniquilada quanto a esse modo natural, vai sendo transformada no divino, que é mais próprio da outra vida do que desta.

6. Todas estas aflitivas purificações do espírito sofre a alma para nascer de novo à vida do espírito, que se realiza por meio desta divina influência. Com estas dores vem a

dar à luz o espírito de salvação, cumprindo-se a sentença de Isaías que diz: "Assim somos nós, Senhor, diante de tua face; concebemos, e sofremos as dores do parto, e demos à luz o espírito" (Is 26,17-18).[26] Além do mais, por meio desta noite contemplativa, a alma se dispõe para chegar à tranquilidade e paz interior que ultrapassa todo o sentido, como diz a Glosa (Fl 4,7); por isto é necessário ser a alma despojada de toda paz anterior que, envolta como estava em tantas imperfeições, na verdade não era paz. Podia a alma estar persuadida de que o era, porque lhe agradava ao gosto, e duplamente a satisfazia, isto é, ao sentido e espírito, enchendo-a de abundantes delícias espirituais; mas, de fato, torno a dizer, era uma paz imperfeita. Convém, portanto, ser purificada, e assim tem que ser despojada e perturbada em sua primeira paz. Isto experimentava com lamentações o Profeta Jeremias – no texto já dele citado para a declaração das provações da noite passada –, quando dizia: "E está desterrada de minha alma a paz" (Lm 3,17).

7. Muito penosa é esta perturbação, cheia de receios, imaginações e combates, que abriga a alma em si; com a impressão e sentimento das misérias em que se vê, suspeita que está perdida, e igualmente perdidos para sempre todos os seus bens. Donde traz no espírito tão profunda dor e gemido que lhe provoca fortes rugidos e bramidos espirituais, às vezes pronunciados mesmo com a boca, desatando em lágrimas, quando há força e virtude para assim fazer sendo, porém, raro achar este alívio. Davi, com bastante experiência própria deste estado, o declarou em um salmo, dizendo: "Estou muito afligido e grandemente humilhado; o gemido de meu coração arranca-me rugido" (Sl 37,9). Tal rugido é dolorosíssimo, porque, algumas vezes, com a

---

26. Citação adaptada ao pensamento de N.P. São João da Cruz. Diz o texto: "...e o que demos à luz foi vento".

súbita e aguda lembrança das misérias em que se vê metida, a alma chega a sentir tão vivamente tanto sofrimento e dor, a levantar-se nela e cercá-la, que não sei como seria possível exprimir. Só a comparação do santo Jó, estando ele próprio nesta provação, poderia dar a entender como é. São estas as suas palavras: "Assemelha-se meu rugido às águas que transbordam" (Jó 3,24). Do mesmo modo, pois, que as águas, por vezes, transbordam, enchendo e inundando tudo, assim este rugido e sentimento da alma chega a crescer tanto em algumas ocasiões, que a inunda e traspassa toda, enchendo-a de angústias e dores espirituais em todas as suas afeições profundas e nas suas forças mais íntimas, acima de tudo o que se pode encarecer.

8. Tal é a obra feita na alma por esta noite que esconde as esperanças da luz do dia. Falando a este propósito, disse também o Profeta Jó: "Na noite é traspassada minha boca com dores, e os que me comem não dormem" (Jó 30,17)[27]. Pela boca se entende aqui a vontade, a qual é traspassada com estas dores, que não dormem nem cessam de despedaçar a alma; pois as dúvidas e receios, que assim a atormentam, nunca cessam.

9. Profunda é esta guerra e combate, porque há de ser também muito profunda a paz que a alma espera. E se a dor espiritual é íntima e penetrante, o amor que há de possuir a mesma alma será igualmente íntimo e apurado. Com efeito, quanto mais íntima, esmerada e pura há de ser e ficar a obra, tanto mais íntimo, esmerado e puro há de ser também o lavor; e o edifício será tanto mais firme quanto mais forte o fundamento. Por isto, como diz Jó, está murchando em si mesma a alma, e suas entranhas estão fervendo, sem esperança alguma (Jó 30,16.27). Assim acontece, nem mais nem menos, à alma que há de chegar a possuir e

---

27. O texto diz: "Meus ossos são traspassados de dores".

gozar, no estado de perfeição, inumeráveis bens de virtude e dons divinos, e a isto se encaminha por meio desta noite de purificação: é preciso que ela seja de um modo geral, tanto na sua íntima substância como em suas potências, primeiramente privada de seus bens, e se sinta afastada, vazia e pobre de todos eles; e que também lhe pareça estar tão longe deles, a ponto de não conseguir persuadir-se de que poderá jamais possuí-los, mas, ao contrário, só pode pensar que todo bem se acabou para ela. Esta verdade também é dada a entender por Jeremias, no texto já citado, quando diz: "Perdi a memória de todo o bem" (Lm 3,17).

10. Respondamos agora a uma dúvida: essa luz de contemplação é em si mesma tão suave e aprazível à alma, que para ela não há coisa mais desejável; e, como acima dissemos, essa luz é a mesma em que a alma chega à união, achando nela todos os bens, no estado de perfeição a que aspira. Por que motivo, pois, produz, nestes primeiros tempos, efeitos tão penosos e estranhos, como os que já referimos?

11. A essa dúvida facilmente se responde, repetindo o que em parte já foi dito: não é que haja, na contemplação e infusão divina, algo que possa em si mesmo produzir sofrimento, pois, ao contrário, só produz muita suavidade e deleite. Mas a razão está na atual fraqueza e imperfeição da alma, bem como nas suas disposições contrárias à recepção da luz. Por este motivo, a luz divina, ao investir a alma, a faz padecer do modo já dito.

❧ Capítulo X ❧
Por uma comparação, explica-se em seu fundamento esta purificação da alma.

1. Para maior clareza do que foi dito e se há de dizer ainda, é preciso observar aqui como esta purificadora e amorosa notícia ou luz divina, quando vai preparando e dispondo a alma para a união perfeita de amor, age à maneira do fogo material sobre a madeira para transformá-la em si mesmo. Vemos que este fogo material, ateando-se na madeira, começa por secá-la; tira-lhe a umidade, e lhe faz expelir toda a seiva. Logo continua a sua ação, enegrecendo a madeira, tornando-a escura e feia, e até com mau odor; assim a vai secando pouco a pouco, e pondo à vista, a fim de consumi-los, todos os elementos grosseiros e escondidos que a madeira encerra, contrários ao mesmo fogo. Finalmente, põe-se a inflamá-la e aquecê-la por fora, até penetrá-la toda e transformá-la em fogo, tão formosa como ele próprio. Em chegando a este fim, já não existe na madeira nenhuma propriedade nem atividade própria, salvo o peso e a quantidade, maiores que os do fogo; pois adquiriu as propriedades e ações do próprio fogo. Assim, agora está seca, e seca; está quente, e aquece; está luminosa, e ilumina; está muito mais leve do que era antes; e tudo isto é obra do fogo na madeira, produzindo nela estas propriedades e efeitos.

2. Do mesmo modo havemos de raciocinar acerca deste divino fogo de amor de contemplação: antes de unir e

transformar a alma nele, primeiro a purifica de todas as propriedades contrárias. Faz sair fora todas as suas deformidades e, por isto, a põe negra e obscura, dando-lhe aparência muito pior do que anteriormente, mais feia e abominável do que costumava ser. Esta divina purificação anda removendo todos os humores maus e viciosos; de tão profundamente arraigados e assentados, a alma não os podia ver, nem entendia que fossem tamanhos; mas agora, que é necessário expulsá-los e aniquilá-los, são postos bem à sua vista. A alma os vê muito claramente, iluminada por esta obscura luz de divina contemplação; e, embora não seja por isto pior do que antes, nem em si mesma, nem para Deus, contudo, ao ver dentro de si o que anteriormente não via, parece-lhe evidente que assim o é. E ainda mais, julga-se não somente indigna do olhar de Deus, mas merecedora de que Ele a aborreça, e na verdade pensa estar em seu desagrado. Desta comparação podemos agora deduzir muitas coisas sobre o que vamos dizendo e tencionamos ainda dizer.

3. Em primeiro lugar, podemos entender como esta luz e sabedoria amorosa de Deus, que deve unir-se à alma e transformá-la, é a mesma que no início a purifica e dispõe. Assim o fogo que transforma em si a madeira, incorporando-se a ela, é o mesmo que no princípio a esteve dispondo para este efeito.

4. Em segundo lugar, veremos claramente como tantas penas que a alma sente não lhe vêm da divina Sabedoria, pois, como disse o Sábio, "todos os bens vieram à alma juntamente com ela" (Sb 7,11). Provém, ao contrário, da fraqueza e imperfeição da própria alma que, sem esta purificação, é incapaz de receber sua divina luz, suavidade e deleite. É conforme acontece à madeira, que não pode ser transformada no fogo logo ao ser posta nele, mas tem de ser aos poucos preparada: assim, a alma padece tanto. Dá bom testemunho desta verdade o Eclesiásti-

co, narrando o que sofreu para chegar à união e fruição da Sabedoria: "Lutou a minha alma por ela; minhas entranhas se comoveram, buscando-a; por isto possuirei grande bem" (Eclo 51,25.29).

5. Em terceiro lugar, podemos, de passagem, fazer uma ideia do sofrimento das almas do purgatório. O fogo, embora lhes fosse aplicado, não teria sobre elas ação, se não tivessem imperfeições para expiar; porque são estas imperfeições a matéria em que se ateia o fogo, e, uma vez consumida, não há mais o que queimar. Aqui nesta noite, de modo semelhante, consumidas as imperfeições, cessa o padecer da alma, e fica-lhe o gozo.

6. Em quarto lugar, compreenderemos como a alma, na proporção em que vai sendo purificada e preparada por meio deste fogo de amor, vai também se inflamando mais no amor. Assim observamos na madeira posta no fogo: do mesmo modo e andamento em que se vai dispondo, vai igualmente se aquecendo. Quando a chama cessa de atacar a madeira é que se pode ver o grau em que a inflamou. De modo análogo, a inflamação de amor não é sempre sentida pela alma; só algumas vezes a percebe, quando a contemplação deixa de investir com muita força. Então a alma pode ver, e mesmo saborear, a obra que nela se realiza, porque lhe é mostrada. Parece-lhe, nessas ocasiões, que a mão que a purifica interrompe o trabalho e tira o ferro da fornalha para lhe proporcionar, de certo modo, a vista desse labor que se vai realizando. Tem agora oportunidade de ver em si mesma o proveito que não percebia quando estava sendo purificada.

7. Em quinto lugar, deduziremos também, desta comparação do fogo, como é certo que a alma, depois destes intervalos de alívios, volta a sofrer mais intensa e delicadamente do que antes. Porque, havendo o fogo do amor manifestado à alma o seu trabalho de purificação, em que consumiu as imperfeições mais exteriores, recomeça a feri-la, a

fim de consumir e purificar mais adentro. Nesta purificação mais interior, o sofrimento da alma é tanto mais íntimo, sutil e espiritual, quanto mais finamente vai purificando essas imperfeições tão íntimas, delicadas e tão arraigadas na substância de seu ser. Assim observamos na madeira quando o fogo vai penetrando mais adentro: age então com maior força e violência, dispondo a parte mais interior da madeira para apropriar-se dela.

8. Em sexto lugar, descobrir-se-á agora donde provém a impressão de estarem acabados todos os bens da alma, e de estar cheia de males; pois, neste tempo, outra coisa não lhe vem senão amarguras em tudo. É o mesmo que sucede à madeira quando está ardendo: o ar, e tudo o mais que lhe chega, só serve para atiçar o fogo que a consome. A alma, porém, há de gozar depois de outros alívios, como gozou dos primeiros; e estes de agora serão muito mais íntimos, porque a purificação já penetrou mais adentro.

9. Em sétimo lugar, tiraremos esta conclusão: é certo que a alma, nestes intervalos, goza com muita liberdade; tal o seu consolo, algumas vezes, que, lhe parece, não voltarão mais os sofrimentos. Contudo, não deixa de pressentir quando hão de volver, notando em si mesma uma raiz má que ainda persiste, e que às vezes se mostra evidente e não a deixa gozar de alegria completa; tem a impressão de que está ameaçando, para tornar a investir; e, então, depressa volta a purificação. Enfim, o que ainda resta a ser purificado e iluminado em seu mais recôndito íntimo não pode permanecer escondido à vista do já publicado. Assim sucede à madeira, em que há sensível diferença entre a parte que está ardendo no fogo, e a que vai ser ainda inflamada. Quando, portanto, a purificação volta a investir mais intimamente, não é para admirar que a alma venha a imaginar outra vez que todos os seus bens acabaram e jamais hão de ser readquiridos. Mergulhada como está em sofrimentos mais

íntimos, todos os bens mais exteriores desaparecem à sua vista.

10. Tendo, pois, diante dos olhos esta comparação, com a explicação que já foi dada sobre o primeiro verso da primeira canção, referente a esta noite escura e suas terríveis propriedades, será bom sair destas coisas tristes da alma, e começar agora a tratar do fruto de suas lágrimas, bem como das suas ditosas características, que começam a ser cantadas a partir deste segundo verso:

De amor em vivas ânsias inflamada.

❧ Capítulo XI ❧
Começa-se a explicar o segundo verso da canção primeira. Diz-se como a alma, por fruto destes rigorosos padecimentos, acha-se inflamada em veemente paixão de amor divino.

1. Neste verso a alma dá a entender o fogo de amor do qual falamos, que se vai ateando nela por meio desta noite de contemplação dolorosa, cuja ação se compara à do fogo material na madeira. A inflamação deste fogo, de certo modo, assemelha-se à que acima referimos, ao descrever a purificação da parte sensitiva; contudo, a diferença entre uma e outra é tão grande, como a alma difere do corpo, ou a parte espiritual da sensitiva. Esta inflamação de amor está agora no espírito, onde, em meio de obscuras angústias, a alma se sente ferida, viva e agudamente, com certo sentimento e conjetura de que Deus ali está, embora não compreenda coisa determinada; porque, conforme dissemos, o entendimento está às escuras.

2. O espírito se sente, então, apaixonado com muito amor, pois esta inflamação espiritual produz paixão de amor. Como este amor é infuso, porquanto é mais passivo que ativo, gera na alma forte paixão de amor. Vai também ele encerrando já algum tanto de união com Deus, e, por conseguinte, participando algo de suas propriedades que são mais ações de Deus do que da alma, e se adaptam a ela passivamente. Quanto à mesma alma, o que faz é apenas dar

seu consentimento. O calor, porém, e força, a têmpera e paixão de amor – ou inflamação, como a alma diz neste verso –, provém unicamente do amor de Deus que se vai ateando nela, enquanto a vai unindo a si. Quanto maior disposição e capacidade acha na alma este amor, para unir-se a ela e feri-la, tanto mais aperta, impede e inabilita os seus apetites para que ela não possa achar gosto em coisa alguma do céu ou da terra.

3. Isto acontece de modo admirável nesta obscura purificação, como já dissemos; porque Deus mantém os gostos da alma privados de alimento, e tão recolhidos, que lhes é impossível comprazer-se naquilo que lhes agrada. O fim que Deus tem em vista com esta privação e recolhimento de todos os apetites nele é dar à alma maior fortaleza e capacidade para receber esta forte união de amor divino, que já começa a ser realizada por meio desta purificação. A alma, então, há de amar a Deus com grande energia de todas as suas forças e apetites, sensitivos e espirituais, o que não poderia fazer, se eles se derramassem no gosto de outras coisas. Eis por que Davi, a fim de poder receber a fortaleza do amor desta divina união, dizia a Deus: "Depositarei em ti minha fortaleza" (Sl 58,10). Como se dissesse: porei em ti toda a capacidade, apetite e força de minhas potências; pois não quero empregar sua atividade nem gosto fora de ti em coisa alguma.

4. Pelo que ficou dito, podemos de algum modo considerar como é intensa e forte esta inflamação de amor no espírito, onde Deus concentra todas as energias, potências e apetites da alma, tanto espirituais como sensitivos, a fim de que, em perfeita harmonia, todos eles se apliquem, com todas as suas forças e virtudes, a este amor, vindo a cumprir-se em verdade o primeiro mandamento, o qual, sem nada desdenhar ou excluir no homem, deste amor, diz: "Amarás a teu Deus de todo o teu coração, de toda a tua mente, de toda a tua alma, e com toda a tua força" (Dt 6,5).

5. Concentrados, portanto, aqui, nesta inflamação de amor, todos os apetites e forças da alma, e ela, ferida e atingida em todos eles, pela paixão deste amor, como poderemos compreender quais sejam os movimentos e transportes de todas estas forças e afeições, vendo-se inflamadas e feridas deste poderoso amor, sem, contudo, terem a sua posse e satisfação, e achando-se, ao contrário, na obscuridade e na dúvida? Decerto padecem fome como os cães que rondavam a cidade, segundo diz Davi, e os quais, não podendo fartar-se deste amor, se põem a uivar e gemer. Efetivamente, o toque deste amor e fogo divino chega a secar tanto o espírito e a abrasar de tal modo os apetites na ânsia de satisfazerem a sua sede deste divino amor, que o espírito dá mil voltas em si mesmo, suspirando por Deus de mil modos e maneiras, com a cobiça e o desejo do apetite. Davi exprime muito bem isto num salmo dizendo: "Minha alma teve sede de ti: de muitas maneiras será por ti atormentada deste ardor a minha carne" (Sl 62,2), isto é, em desejos. E outra versão diz assim: "Minha alma teve sede de ti; minha alma se perde, ou perece por ti".

6. Este é o motivo pelo qual a alma diz no verso da canção: "De amor em vivas ânsias inflamada". Porque em todas as coisas e pensamentos que tem dentro de si, e em todos os negócios e acontecimentos que se lhe apresentam, ama de muitas maneiras, ansiando e padecendo, igualmente, em desejo, de muitas maneiras, por todo tempo e lugar, sem tréguas, pois continuamente experimenta esta pena, na sua ferida inflamada. O Profeta Jó dá bem a entender o que se passa na alma, quando assim se exprime: "Assim como o escravo deseja a sombra e o mercenário o fim do trabalho, assim também eu tive os meses vazios e contei noites trabalhosas. Se durmo, digo: quando me levantarei eu? E de novo esperarei a tarde, e fartar-me-ei de dores até a noite" (Jó 7,2-4). Tudo se torna apertado para a alma em tal estado; não cabe em si mesma, não cabe no céu

nem na terra; enche-se de dores até ficar cheia, conforme as referidas palavras de Jó que espiritualmente se aplicam ao nosso assunto, e dão a entender o sofrimento e pena, sem consolo algum da mínima esperança de luz ou bem espiritual. Tornam-se, deste modo, maiores as ânsias e padecimentos da alma, nesta inflamação de amor, pois se multiplicam de dois lados: por parte das trevas espirituais em que se vê afligida com dúvidas e receios; e por parte do amor de Deus que a inflama e atiça, e, com sua amorosa ferida, maravilhosamente a atemoriza. Estas duas maneiras de padecer em semelhante estado são muito bem expressas por Isaías que diz: "A minha alma te desejou na noite" (Is 26,9), isto é, na miséria.

7. Tal é o primeiro modo de padecer, proveniente desta noite escura. "Mas com meu espírito", continua o profeta a dizer, "em minhas entranhas, desde a manhã velarei a ti" (id.) – eis o segundo modo pelo qual sofre a alma, em ânsias e desejos, produzidos pelo amor nas entranhas do espírito, que são as afeições espirituais. No meio destas penas obscuras e amorosas, todavia, a alma sente certa presença amiga e certa força em seu interior, acompanhando-a e dando-lhe tanta coragem que, ao suspender-se este peso de trevas desoladoras, muitas vezes se sente sozinha, vazia e fraca. O motivo é que a força e eficácia então presentes na alma eram produzidas e comunicadas passivamente pelo fogo tenebroso de amor que a investia; cessando ele de inflamá-la, cessa igualmente a treva, bem assim a força e calor desse amor.

❧ Capítulo XII ❧
Declara-se como esta horrível noite é purgatório, e como, por meio dela, a divina Sabedoria ilumina os homens na terra com a mesma luz com que purifica e ilumina os anjos do céu.

1. Pelo que já foi dito, vemos claramente que esta obscura noite de fogo amoroso, como vai purificando a alma nas trevas, assim também nas trevas a vai inflamando. Observamos igualmente que, assim como se purificam os espíritos na outra vida por meio de um tenebroso fogo material, de maneira semelhante são purificadas e acrisoladas as almas nesta vida presente, por um fogo amoroso, tenebroso e espiritual. E está aí a diferença: lá no outro mundo, a expiação é feita pelo fogo, e aqui na terra a purificação e ilustração se opera tão só mediante o amor. Tal é o amor que pediu Davi ao dizer: "Cria em mim, ó Deus, um coração puro" (Sl 50,12), porque a pureza de coração não é outra coisa senão o amor e graça de Deus. Nosso Salvador chama bem-aventurados aos puros de coração, o que é tanto como chamá-los enamorados, pois a bem-aventurança não se dá por menos que por amor.

2. Que a alma se purifique à luz deste fogo de sabedoria amorosa – e Deus nunca dá sabedoria mística sem amor, porquanto é o próprio amor que a infunde – bem o prova o Profeta Jeremias ao exclamar: "Enviou fogo em meus os-

sos, e ensinou-me" (Lm 1,13). Davi diz que "a Sabedoria de Deus é prata purificada em fogo" (Sl 11,7)[28], isto é, em fogo de amor que purifica. Com efeito, esta obscura contemplação infunde a um tempo amor e sabedoria na alma, segundo a capacidade e necessidade de cada uma, iluminando-a e purificando-a de suas ignorâncias, conforme diz o Sábio haver acontecido consigo (Eclo 51,26).

3. Concluiremos também daqui que estas almas são purificadas e iluminadas pela mesma Sabedoria de Deus que purifica os anjos de suas ignorâncias, instruindo-os e esclarecendo-os sobre as coisas desconhecidas, derivando-se de Deus pelas jerarquias, desde as primeiras até às últimas, e descendo destas últimas aos homens. Por esta razão, todas as obras e inspirações vindas dos anjos, diz a Sagrada Escritura, com verdade e propriedade, vêm deles e de Deus ao mesmo tempo. O Senhor, efetivamente, costuma comunicar suas vontades aos anjos, e eles vão por sua vez comunicando-as uns aos outros sem dilação alguma, como um raio de sol que atravessasse vários vidros colocados na mesma linha. O raio, embora atravesse todos, todavia, atravessa-os um por um, e cada vidro transmite a luz ao outro, modificada na proporção em que a recebe, com maior ou menor esplendor e força, quanto mais ou menos cada vidro está perto do sol.

4. Por conseguinte, os espíritos superiores, bem como os que estão abaixo, quanto mais perto se encontram de Deus, tanto mais estão purificados, e mais totalmente esclarecidos; e os que estão por último recebem esta iluminação muito mais fraca e remota. Segue-se ainda que o homem, sendo o último ao qual chega esta amorosa contemplação – quando Deus a quer dar –, há de recebê-la, por

---

28. Citação aproximada. O texto diz: "As palavras do Senhor são prata examinada em fogo".

certo, a seu modo, mui limitada e penosamente. A luz de Deus, quando ilumina o anjo, esclarece-o e comunica-lhe a suavidade do amor; porque o encontra disposto, como puro espírito, para receber tal infusão. Quando se trata, porém, do homem, que é impuro e fraco, é natural que Deus o ilumine causando trevas, sofrimentos e angústias, assim como faz o sol, dardejando na pupila doente. Esta luz divina o enamora apaixonada e aflitivamente, até que este mesmo fogo de amor venha a espiritualizar e sutilizar o espírito humano. Assim o vai purificando para torná-lo apto a receber com suavidade, como recebem os anjos, a união desta divina influência, o que se realizará quando estiver já de todo purificado, conforme diremos depois, se Deus quiser. Enquanto, porém, não chega a isto, a contemplação e notícia amorosa é recebida pelo espírito nas aflições e ânsias do amor de que falamos.

5. Esta inflamação e ânsia amorosa não é sempre sentida pela alma. Nos primeiros tempos, ao começar a purificação espiritual, toda a atividade deste fogo mais se aplica em dessecar e preparar a madeira da alma, do que em abrasá-la. Já mais adiante, quando este fogo vai aquecendo a alma, é muito comum que ela sinta esta inflamação e este calor de amor. Então, como o entendimento vai sendo mais purificado por meio destas trevas, acontece algumas vezes que esta mística e amorosa teologia vai inflamando a vontade, e, juntamente, ferindo a ilustrando a potência do entendimento; infunde certo conhecimento a luz divina, com tanta suavidade e delicadeza que, com esta ajuda, a vontade se afervora maravilhosamente. Sem nada fazer de sua parte, sente arder em si este divino fogo de amor, em vivas chamas, de maneira que parece à alma fogo vivo, por causa da viva inteligência que recebe. Esta verdade exprime Davi em um salmo dizendo: "Abrasou-se-me o coração dentro de mim e no decorrer da minha reflexão um fogo se ateou" (Sl 38,4).

6. Este abrasamento de amor, com união das duas potências, entendimento e vontade, é graça preciosíssima e de grande deleite para a alma; porque é certo toque da divindade e princípio da perfeição na união de amor que está a esperar. E assim, não se chega a esse toque de tão alto sentimento e amor de Deus, sem haver passado muitos trabalhos e grande parte da purificação. Para outros toques menos elevados, que sucedem ordinariamente à alma, não preciso tanta purificação.

7. De quanto dissemos, se colige como, nestes bens espirituais, passivamente infundidos por Deus na alma, a vontade pode muito bem amar, sem o entendimento compreender; como pode o entendimento compreender, sem que a vontade ame. Esta noite escura de contemplação consta de luz divina e amor, assim como o fogo possui também luz e calor; portanto, não há inconveniente em que, na comunicação desta luz amorosa, por vezes seja mais ferida a vontade, e a inflame o amor, deixando às escuras o entendimento, sem receber luz particular; e outras vezes suceda iluminar-se o entendimento para conhecer, e ficar a vontade fria, como pode alguém receber calor do fogo sem lhe ver a luz, ou, pelo contrário, ver a luz sem receber calor. É isto obra do Senhor, que infunde como lhe apraz.

✌ *Capítulo XIII* ✌
Outros saborosos efeitos produzidos na alma por esta noite escura de contemplação.

1. Pelo modo de inflamação já descrito, podemos compreender alguns dos saborosos efeitos que vai produzindo na alma esta obscura noite de contemplação. Às vezes, conforme dissemos, no meio destas obscuridades a alma ilustrada, brilhando a luz nas trevas (Jó 1,5). Deriva-se esta inteligência mística ao entendimento, enquanto a vontade permanece na secura, a saber, sem união atual de amor; e causa uma paz e simplicidade tão fina e deleitosa à mesma alma que não é possível expressar, ora em uma, ora em outra experiência de Deus.

2. Algumas vezes fere também ao mesmo tempo a vontade, como já declaramos, e o amor se ateia nela de maneira elevada, terna e forte; pois, conforme dissemos acima, unem-se por vezes estas duas potências, entendimento e vontade. Quanto mais vai prosseguindo a purificação do entendimento, tanto mais perfeita e delicadamente se unem. Antes, porém, de chegar a este ponto, é mais comum sentir-se na vontade o toque da inflamação, do que no entendimento o toque da inteligência.

3. Surge aqui, no entanto, uma dúvida: se estas duas potências vão sendo purificadas conjuntamente, por que então a alma sente, ao princípio, mais de ordinário na vontade a inflamação e amor que a purifica, do que no entendimento a ilustração desse amor? Responde-se: este amor

passivo não fere diretamente a vontade, pois a vontade é livre, e esta inflamação de amor é antes mais paixão de amor do que ato livre da vontade; este calor de amor se ateia na substância da alma, movendo passivamente as afeições. Por isto, define-se melhor como paixão de amor, do que como ato livre da vontade, pois para haver ato de verdade precisa ser livre. Como, porém, estas paixões e afeições dependem da vontade, dizemos que, se a alma está apaixonada com alguma afeição, a vontade também o está. Na verdade, assim é: porque pela paixão a vontade fica presa e perde sua liberdade, sendo arrastada pelo ímpeto e força da paixão. Podemos, portanto, dizer que esta inflamação de amor está na vontade, isto é, abrasa o apetite da vontade; e assim, repetimos, deve ser chamada, de preferência, paixão de amor, do que ato livre da vontade. A capacidade receptiva do entendimento só pode receber o conhecimento, de modo puro e passivo, o que não pode fazer sem estar purificado; daí podemos concluir que, enquanto não chega a esse ponto, a alma sente menos o toque da inteligência do que a paixão do amor. Não é preciso, aliás, estar a vontade tão purificada nas suas paixões para receber este toque, pois as próprias paixões ajudam a sentir amor apaixonado.

4. Essa inflamação e sede de amor, por existir agora no espírito, é diferentíssima daquela que referimos a propósito da noite do sentido. Sem dúvida, nesta altura, também o sentido tem a sua parte, pois não deixa de participar no trabalho do espírito; mas a raiz e força desta sede de amor está situada na parte superior da alma, isto é, no espírito. Este sente e entende de tal modo o que experimenta, e sofre tanto a falta daquilo que deseja, que todo o penar do sentido lhe parece nada, embora seja aqui incomparavelmente maior do que na primeira noite sensitiva; porque o espírito conhece agora, em seu interior, faltar-lhe um grande bem, ao qual coisa alguma poderia comparar-se.

5. É bom fazer agora uma observação. Se logo ao princípio desta noite espiritual não se sente esta inflamação de

amor, por não haver ainda o fogo de amor começado a lavrar, no entanto, em lugar disto, Deus dá à alma tão grande amor estimativo para com Sua Majestade, que, conforme dissemos, todo o padecer e sofrer da alma no meio dos trabalhos desta noite consiste na ânsia de pensar que o perdeu e está abandonada por Ele. Assim, podemos sempre afirmar que a alma, desde o início desta noite, anda cheia de ânsias de amor, seja o amor de estimação, seja de inflamação. Vemos que a maior paixão a afligi-la, nos trabalhos que padece, é esta dúvida. Se pudesse então ter a certeza de que não está tudo perdido e acabado, mas que este sofrimento é para seu maior bem – como de fato o é – e Deus não a aborrece, nada se lhe daria de padecer todas aquelas penas. Antes folgaria, sabendo que por elas é Deus servido. Na verdade, é tão grande o amor de estimação que a alma tem a Deus, embora às escuras e sem o sentir – que não somente tudo aquilo, mas até a morte seria feliz de sofrer muitas vezes para contentá-lo. Quando, porém, a este amor estimativo de Deus que a alma já possui, vem ajuntar-se a inflamação de chama de amor, costuma cobrar tal força e brio, e tão vivas ânsias por Deus, que, pela comunicação do calor de amor, anima-se com grande ousadia; e, sem olhar coisa alguma, sem ter respeito a nada, movida pela força e embriaguez do amor e do desejo, sem reparar no que está fazendo, seria capaz de realizar feitos estranhos e desusados, de qualquer maneira ou por qualquer meio que lhe fosse apresentado, contanto que pudesse encontrar aquele que ama.

6. Por isso Maria Madalena, sendo tão estimada em sua pessoa, como antes o era, não se importou com a turba de homens, consideráveis ou não, que assistiam como convidados ao banquete; nem reparou que não lhe ficava bem ir chorar e derramar lágrimas entre essas pessoas; tudo isto fez, a troco de poder chegar junto daquele por quem sua alma estava ferida e inflamada. É ainda embriaguez e ousadia própria do amor: saber que seu Amado estava encerrado no sepulcro com uma grande pedra selada, cercado de soldados guardando-o para seus discípulos não o furtarem

(Jo 20,1), e, todavia, não ponderar qualquer destes obstáculos, mas ir, antes do romper do dia, com unguentos a fim de ungi-lo.

7. E, finalmente, essa embriaguez e ânsia de amor fez com que ela perguntasse, àquele que lhe parecia ser o hortelão, se havia furtado o corpo do sepulcro. Pediu-lhe ainda, se tal fosse o caso, que dissesse onde o havia posto, para ela ir buscá-lo (Jo 20,15). Não reparou que tal pergunta, em livre juízo e razão, era disparate; pois, é claro, se o homem o havia furtado, não havia de confessar, e, menos ainda, de o deixar tomar. Tal é a condição do amor em sua força e veemência: tudo lhe parece possível, e imagina que todos andam ocupados naquilo mesmo que o ocupa. Não admite que haja outra coisa em que pessoa alguma possa cuidar, ou procurar, senão o objeto a quem ele ama e procura. Parece-lhe não haver mais nada que buscar, nem em que se empregar, a não ser nisso, e julga que todos o andam buscando. Por esta razão, quando a Esposa saiu a procurar seu Amado, pelas praças e arrabaldes, ia pensando que todo o mundo também o procurava, e assim dizia a todos que, se o achassem, dissessem a ele o quanto penava por seu amor (Ct 5,8). De semelhante condição era o amor desta Maria; julgava ela que, se o hortelão lhe dissesse onde havia escondido o corpo de seu Amado, ela mesma o iria buscar e o carregaria, por mais que lhe fosse proibido.

8. Desta sorte, são, pois, as ânsias de amor que a alma vai sentindo, quando se adianta mais nesta purificação espiritual. Levanta-se de noite – isto é, nas trevas que a purificam – e age segundo as afeições da vontade. Com as mesmas ânsias e forças de uma leoa ou ursa buscando seus filhotes que lhe tiraram, e sem os achar, assim anda esta alma chagada a buscar seu Deus. Como se encontra em treva, sente-se sem Ele, e está morrendo de amor por Ele. É este o amor impaciente que não pode permanecer muito tempo na alma sem receber o que deseja, ou então morrer; como era o de Raquel aos filhos, quando disse a Jacó: "Dá-me filhos, senão morrerei" (Gn 30,1).

9. Vale indagar, aqui, como a alma, embora se sinta tão miserável e tão indigna de Deus, nestas trevas de purificação, tem ao mesmo tempo tão ousada e atrevida força para ir unir-se a ele. A razão é que o amor já lhe vai dando forças para amar deveras; ora, é próprio do amor tender à união, à junção, à igualdade e à assimilação ao objeto amado, para aperfeiçoar-se no bem do mesmo amor. Por consequência, não tendo ainda a alma chegado à perfeição do amor, pois não a atingiu a união, sente fome e sede do que lhe falta, isto é, da união; e essa fome e sede, junto com as forças que o amor pôs na vontade, apaixonando-a, tornam a alma ousada e atrevida, pela inflamação que sente na vontade. Por parte do entendimento que está às escuras sem ser ainda ilustrado, todavia, sente-se indigna e se conhece miserável.

10. Não quero deixar de indicar agora o motivo pelo qual a luz divina, embora sendo sempre luz para a alma, não a ilumina logo que a investe, como fará depois, mas causa primeiramente as trevas e sofrimentos já descritos. Este assunto já foi explicado um pouco; contudo, quero responder a este ponto particular. As trevas e demais penas que a alma sente quando esta divina luz investe não são trevas e penas provenientes da luz, e sim da própria alma; a luz apenas esclarece para que sejam vistas. Desde o princípio, portanto, esta divina luz ilumina; mas a alma tem que ver primeiro o que lhe está mais próximo, ou, por melhor dizer, o que tem em si mesma, isto é, suas trevas e misérias, as quais vê agora pela misericórdia de Deus. Antes não as via, porque não lhe era infundida essa luz sobrenatural. Aqui se mostra a razão de sentir, no princípio, somente trevas e males. Depois, porém, de purificada por este conhecimento e sentimento, então terá olhos para ver, à luz divina, os bens da mesma luz. Expelidas, enfim, todas as trevas e imperfeições da alma, parece que aos poucos se revelam os proveitos e grandes bens que a mesma alma vai conseguindo nesta ditosa noite de contemplação.

11. Pelo que já dissemos, fica entendido quão grande mercê faz Deus à alma em limpá-la e curá-la com esta forte lixívia e este amargo remédio; purificação essa que se faz na parte sensitiva e espiritual, de todas as afeições e hábitos imperfeitos arraigados na alma, tanto a respeito do temporal e natural, como do sensitivo e espiritual. Para isto, Deus põe a alma na obscuridade, quanto às suas potências interiores, esvaziando-as de tudo que as ocupava; faz passar pela aflição e aridez às afeições sensitivas e espirituais; debilita e afina as forças naturais da alma acerca de todas as coisas que a prendiam, e das quais nunca poderia libertar-se por si mesma, conforme vamos dizer. Deste modo, leva-a Deus a desfalecer para tudo o que naturalmente não é ele, a fim de revesti-la de novo, depois de a ter despojado e desfeito de sua antiga veste. E assim a alma é renovada, como a águia, em sua juventude, e vestida do homem novo, criado segundo Deus, como diz o Apóstolo (Ef 4,24). Esta transformação nada mais é do que a iluminação de entendimento pela luz sobrenatural, de maneira que ele se una com o divino, tornando-se, por sua vez, divino. É igualmente a penetração da vontade pelo amor divino de modo a tornar-se nada menos que vontade divina, não amando senão divinamente, transformada e unida com a divina vontade e o divino amor. Enfim, o mesmo se dá com a memória, e também com as afeições e apetites, que são todos transformados e renovados segundo Deus, divinamente. Esta alma será agora, pois, alma do céu, verdadeiramente celestial, mais divina do que humana. Todas estas transformações até agora referidas, da maneira que descrevemos, vai Deus realizando e operando na alma por meio desta noite, ilustrando-a e inflamando-a divinamente, com ânsias de Deus só e nada mais. É, portanto, muito justo e razoável que ela acrescente logo o terceiro verso da canção, dizendo:

Oh! ditosa ventura!
Saí sem ser notada.

❧ Capítulo XIV ❧
São expostos e explicados os três últimos versos da primeira canção.

1. Esta "ditosa ventura" veio à alma pelo motivo que ela declara logo nos versos seguintes, dizendo:

Saí sem ser notada,
Já minha casa estando sossegada.

Serve-se aqui de uma metáfora. Compara-se a uma pessoa que, para melhor realizar o que pretende, sai de sua casa de noite, às escuras, já estando todos recolhidos, a fim de não ser impedida por ninguém. Na verdade, ação tão heróica e tão rara, como é unir-se ao divino Amado, só fora da casa esta alma havia de realizá-la. Com efeito unicamente na solidão é que se acha o Amado, conforme desejava encontrá-lo a Esposa sozinho, dizendo: "Quem me dera, irmão meu, achar-te fora e se comunicasse contigo meu amor!" (Ct 8,1)[29]. Por isto, convém à alma enamorada, para alcançar seu desejado fim, agir de modo semelhante, saindo de noite, já adormecidos e sossegados todos os domésticos de sua casa, isto é, quando, mediante esta noite, já se acham adormecidos e mortificados os seus apetites e paixões, bem como todas as operações baixas e vulgares.

---

29. A citação é aproximada. O texto diz: "Quem me dera ter-te por irmão... para que, encontrando-te fora, eu te pudesse beijar sem que ninguém me desprezasse!" (Ct 8,1).

São eles a gente da casa, e, estando acordados, sempre se opõem a que ela se liberte deles, impedindo assim os bens da alma. Destes domésticos, nosso Salvador diz no Evangelho que são os inimigos do homem (Mt 11,36). Convém, portanto, que as operações deles, com suas agitações, estejam adormecidas nesta noite, e assim não impeçam à alma os bens sobrenaturais da união de amor com Deus, a que ela não pode chegar enquanto deles perdura a vivacidade e operação. Esta natural atividade e agitação antes estorva do que ajuda a alma a receber os bens espirituais, porquanto toda habilidade natural fica aquém desses bens sobrenaturais que Deus, unicamente por sua infusão, põe na alma de modo passivo e secreto, e em silêncio. Assim, torna-se necessário que todas as potências da alma se mantenham silenciosas, e permaneçam passivas para receber essa infusão divina, sem intrometer aí sua baixa atividade e sua vil inclinação.

2. Foi, pois, para esta alma uma "ditosa ventura" adormecer-lhe Deus, nesta noite, toda a gente doméstica de sua casa, isto é, todas as potências, paixões, afeições e apetites que nela vivem, tanto em sua parte sensitiva como em sua parte espiritual. Deste modo, ela pode sair "sem ser notada", a saber, sem ser detida por todas estas afeições etc. Ficaram adormecidas e mortificadas nesta noite, onde foram deixadas na escuridão, para que nada pudessem notar ou sentir, conforme sua condição baixa e natural; e assim não viessem estorvar a alma em sua saída de si mesma e da casa de sua sensualidade; e ela, enfim, conseguisse chegar à união espiritual do perfeito amor. Oh! quão ditosa ventura é poder a alma livrar-se da casa de sua sensualidade! Não pode bem compreender isto, a meu ver, senão a alma que o experimentou. Só assim verá claramente como era miserável o cativeiro em que estava, e a quantas misérias estava sujeita quando se submetia à ação de suas potências e apetites. Conhecerá como a vida do espírito é verdadeira liberdade

e riqueza, que traz consigo bens inestimáveis, conforme iremos mostrando nas seguintes canções, ao falar em alguns deles. Ver-se-á então com maior evidência até que ponto a alma tem razão de cantar, dando o nome de "ditosa ventura" à sua passagem por esta horrenda noite, que acaba de ser relatada.

❧ *Capítulo XV* ❧
Põe-se a canção segunda e sua declaração.

Na escuridão, segura,
Pela secreta escada, disfarçada,
Oh! ditosa ventura!
Na escuridão velada[30],
Já minha casa estando sossegada.

DECLARAÇÃO

A alma canta ainda, nesta canção, algumas particularidades da escuridão desta noite, tornando a dizer a boa sorte que com elas lhe veio. Repete, a fim de responder a certa objeção tácita a que refuta, dizendo: ninguém pense que, por haver nesta noite passado por tantos tormentos de angústias, dúvidas, receios e horrores, correu maior perigo de perder-se. Pelo contrário, na obscuridade desta noite só achou lucro; por meio dela, se libertou e escapou sutilmente de seus inimigos, que sempre lhe impediam o passo. Na escuridão desta noite, mudou de traje, disfarçando-se com vestes de três cores, conforme descreveremos depois. E, por uma escada mui secreta, que ninguém de casa conhecia, a qual significa a fé viva – como havemos de dizer também em seu lugar –, saiu tão encoberta e em segredo, para melhor realizar sua façanha, que não podia deixar de ir muito segura. Tanto mais quanto, nesta noite de purificação, já os

---

30. O original diz: "en celada". A palavra "celada" significa, em português, elmo, armadura antiga que cobre a cabeça (Dicionário de Aulete).

apetites, afeições e paixões da alma estavam adormecidos, mortificados e extintos; pois, se estivessem ainda vivos e despertos, não o teriam consentido. Segue-se, portanto, o verso, que diz assim:

Às escuras, segura.

✎ Capítulo XVI ✎
Explica-se como a alma, caminhando nas trevas, vai segura.

1. A obscuridade, de que fala aqui a alma, refere-se, como já dissemos, aos apetites e potências, tanto sensitivas, como interiores e espirituais. Nesta noite, efetivamente, todas se obscurecem perdendo sua luz natural, a fim de que, por meio da purificação desta luz, possam ser ilustradas sobrenaturalmente. Os apetites sensitivos e espirituais permanecem, então, adormecidos e mortificados, sem poder saborear coisa alguma, nem divina nem humana. As afeições da alma, oprimidas e angustiadas, não conseguem mover-se para ela, nem achar arrimo em nada. A imaginação fica atada, na impossibilidade de discorrer sobre qualquer coisa boa; a memória, acabada; o entendimento nas trevas, nada compreende; enfim, a vontade, também seca na afeição, e todas as potências vazias e inúteis. Acima de tudo isto, sente a alma sobre si uma espessa e pesada nuvem, que a mantém angustiada e como afastada de Deus. Caminhando assim "às escuras" é que declara ir "segura".

2. A causa de assim dizer está bem explicada. Ordinariamente, de fato, a alma nunca erra senão por seus apetites, ou seus gostos, seus raciocínios, seus conhecimentos, ou suas afeições; é nisto que ela costuma faltar, ou exceder-se, por buscar variações, ou cair em desatinos, inclinando-se, consequentemente, ao que não convém. Uma vez impedidas todas estas operações e movimentos, claro está que a alma se encontra segura, para neles não errar. E não so-

mente se livra de si mesma, mas também dos outros inimigos, que são o mundo e o demônio, os quais, encontrando adormecidas as afeições e atividades da alma, não lhe podem fazer guerra por outro meio nem por outra parte.

3. Daí se colhe o seguinte: quanto mais a alma vai às escuras e privada de suas operações naturais, tanto mais segura vai. Em confirmação declara o profeta que "a perdição da alma só vem dela mesma" (Os 13,9), isto é, de suas atividades e apetites, interiores e sensíveis; e "o bem" – afirma Deus pelo mesmo profeta – "está somente em mim". Eis por que à alma, impedida em seus males, só resta que lhe venham logo os bens da união com Deus, pela qual suas potências e inclinações serão transformadas em divinas e celestiais. No tempo, pois, destas trevas, se a alma prestar atenção, verá muito bem quão raramente se divertem os seus apetites e potências em coisas inúteis e prejudiciais, e o quanto está ela garantida contra a vanglória, soberba e presunção, ou gozo falso e inútil, e muitas outras coisas. Logo, podemos concluir muito bem com esta afirmação: a alma, indo às escuras, não somente não vai perdida, mas sim muito avantajada, pois assim vai ganhando as virtudes.

4. Daqui nasce, porém, uma dúvida; se as coisas divinas por si mesmas fazem bem à alma, e lhe trazem proveito e segurança, por que motivo, nesta noite, Deus obscurece as potências e apetites em relação a ela, de maneira a não poder a mesma alma gozar nem tratar dessas coisas divinas como das demais coisas, e de certo modo ainda menos? A resposta é que, neste tempo, ainda quanto às coisas espirituais convém à alma ficar privada de gosto e ação, porque tem as potências e apetites impuros, baixos e muito naturais. Embora lhes fosse dado o sabor e comunicação das coisas sobrenaturais e divinas, não o poderiam receber senão da maneira baixa e natural que lhes é própria. Conforme diz o Filósofo, o que se recebe está no recipiente ao modo daquele que recebe. E como estas potências naturais

não têm pureza nem força, nem capacidade para receber e saborear as coisas sobrenaturais segundo o modo divino que a elas convém, mas só podem recebê-las a seu modo humano e baixo, assim é necessário que sejam obscurecidas também em relação às coisas divinas. Privadas, purificadas e aniquiladas essas potências e afeições, em suas primeiras disposições, hão de perder aquele modo baixo e humano de agir e obrar, para chegarem a estar dispostas e preparadas à comunicação, sentimento e gosto das coisas divinas e sobrenaturais, de modo elevado e sublime; e isto não poderia realizar-se sem que primeiro morresse o homem velho.

5. Como todo o espiritual, vem de cima, comunicado pelo Pai das luzes ao livre alvedrio e vontade humana, por mais que se exercitem as potências e o gosto do homem nas coisas divinas e lhes pareça gozar muito delas, não as poderá saborear divina e espiritualmente, mas apenas de modo humano e natural, como costuma gozar das demais coisas. Com efeito, os bens não sobem do homem a Deus; ao contrário, descem de Deus ao homem. Acerca deste ponto, se agora fosse ocasião de tratá-lo, poderíamos dizer aqui como há grande número de pessoas que sentem muitos gostos, afetos e operações de suas potências no trato com Deus, ou nos exercícios espirituais. Pensarão, porventura, que tudo aquilo é sobrenatural; e, no entanto, talvez não seja mais do que atos e apetites naturais e humanos. Como costumam ter esses apetites e gostos em outras coisas, também os experimentam nas coisas espirituais de modo semelhante, por causa de certa facilidade que têm para dirigir o apetite e potências a qualquer objeto.

6. Se encontrarmos mais tarde alguma ocasião para falar neste assunto, havemos de desenvolvê-lo. Daremos então alguns sinais para conhecer quando, as relações com Deus, os movimentos interiores da alma são apenas naturais, ou quando são somente espirituais, ou ainda quando

são ao mesmo tempo espirituais e naturais. É suficiente sabermos por ora o seguinte: para que os atos e movimentos da alma possam vir a ser movidos por Deus divinamente, hão de ser primeiro obscurecidos, sossegados e adormecidos em seu modo natural, quanto à sua habilidade e operação própria, até perderem toda a sua força.

7. Eia, pois, ó alma espiritual! Quando vires teu apetite obscurecido, tuas afeições na aridez e angústia, e tuas potências incapazes de qualquer exercício interior, não te aflijas por isso; considera, pelo contrário, como ditosa sorte estares assim. É Deus que te vai livrando de ti mesma, e tirando-te das mãos todas as coisas que possuis. Por mais prósperas que te corressem essas tuas coisas – devido à sua impureza e baixeza –, jamais obrarias nelas tão perfeita, cabal e seguramente, como agora, quando Deus te toma pela mão. Ele te guia, como a pessoa cega; leva-te para onde e por onde não sabes; e jamais, por teus próprios olhos e pés, atinarias com este caminho e lugar, por melhor que andasses.

8. Por um outro motivo, também, a alma caminha nestas trevas não somente segura, mas ainda com maior lucro e proveito. É que, de ordinário, seu progresso e adiantamento lhe vêm da parte que ela menos espera, e até de onde pensa encontrar sua perda. Jamais, com efeito, experimentará aquela novidade que a faz sair, deslumbrada e desatinada, de si mesma e do seu antigo modo de proceder; e, assim, antes imagina ir perdendo, do que acertando e ganhando. Vê como, na verdade, lhe vai faltando tudo aquilo que conhecia e gozava, e é levada por onde não sabe o que seja gozo. Assemelha-se a alma ao viajante que, para chegar a novas terras não sabidas, vai por caminhos igualmente não sabidos e desacostumados; não se orienta pelos seus conhecimentos precedentes, mas caminha com incertezas, guiando-se por informações alheias. Evidentemente não poderia chegar a estas novas terras, nem saber o que antes ignorava, se não andasse agora por novos caminhos

até então desconhecidos, deixando os caminhos que sabia. A mesma coisa acontece a quem aprende as particularidades de um ofício, ou de uma arte, que sempre vai às escuras, isto é, não segue seus primeiros conhecimentos; porque, se não abandonasse o que aprendeu no princípio, jamais sairia daí, nem faria novos progressos no ofício ou arte em que se exercita. De maneira análoga, o progresso da alma é maior quando caminha às escuras e sem saber. Deus é aqui, portanto, o mestre e guia deste cego que é a alma, como dissemos. E agora que ela chegou à compreensão disto, pode com muita verdade alegrar-se e dizer: "Às escuras, segura".

9. Ainda há outra razão para que a alma tenha ido segura no meio destas trevas: é porque foi padecendo. O caminho do padecer é mais seguro, e até mais proveitoso, do que o do gozo e atividade. Primeiramente, porque no padecer a alma recebe forças de Deus, enquanto no agir e gozar exercita suas próprias fraquezas e imperfeições; depois, porque no padecer há exercício e aquisição de virtudes, e a alma é purificada, tornando-se mais prudente e avisada.

10. Existe, porém, uma outra razão mais importante, para que a alma na escuridão vá segura. Ela provém da própria luz e sabedoria tenebrosa: de tal maneira esta noite escura de contemplação absorve e embebe em si a alma, pondo-a ao mesmo tempo tão junto de Deus, que isto a ampara e liberta de tudo quanto não é Deus. Como a alma está aqui submetida a tratamento, para conseguir sua saúde que é o mesmo Deus, Sua Majestade a mantém em dieta e abstinência de todas as coisas, e tira-lhe o apetite para tudo. Assim fazem para curar um doente muito estimado em sua casa: recolhem-no em um aposento bem retirado, com grande resguardo dos golpes de ar e mesmo da luz; e até não consentem que ouça passo nem ruído algum dos de casa. Dão-lhe comida muito leve em pequenas porções, e mais substancial do que saborosa.

11. Tais são as propriedades que esta obscura noite de contemplação traz à alma, com o fim de guardá-la segura e protegida porque já está agora mais próxima de Deus. Quanto mais a alma se aproxima dele, mais profundas são as trevas que sente, e maior a escuridão, por causa de sua própria fraqueza. Assim, quem mais se acercou do sol, haveria de sentir, com o grande resplendor dele, maior obscuridade e sofrimento, em razão da fraqueza e incapacidade de seus olhos. Tão imensa é a luz espiritual de Deus, excedendo tanto ao entendimento natural, que, ao chegar mais perto dele, o obscurece e cega. Esta é a causa por que no Salmo 17 diz Davi, referindo-se a Deus: "Pôs seu esconderijo nas trevas como em seu tabernáculo: águas tenebrosas nas nuvens do ar" (Sl 17,12). As "águas tenebrosas nas nuvens do ar" significam a obscura contemplação e divina Sabedoria nas almas, conforme vamos dizendo. Isto, as mesmas almas vão sentindo aos poucos, como algo que está próximo a Deus, e percebem este tabernáculo onde Ele mora, no momento em que Deus as vai unindo a si mais de perto. E, assim, o que em Deus é luz e claridade mais sublime, é para o homem treva mais escura, segundo a palavra de São Paulo e o testemunho de Davi no mesmo Salmo 17: "Por causa do resplendor que está em sua presença se desfizeram as nuvens em chuvas de pedra" (Sl 17,13), isto é, para o entendimento natural, cuja luz, no dizer de Isaías no cap. 5, "desaparecerá nesta profunda escuridão" (Is 5,30).

12. Oh! miserável sorte a de nossa vida, onde com tanto perigo se vive e com tanta dificuldade se conhece a verdade! pois o que é mais claro e verdadeiro, é para nós mais escuro e duvidoso. Por isso, fugimos daquilo que mais nos convém, e corremos atrás do que mais resplandece e satisfaz aos nossos olhos, e o abraçamos; quando, pelo contrário, é pior para nós, e a cada passo nos faz cair! Em quanto perigo e temor vive o homem, se a própria luz natural de seus olhos, que o há de guiar, é a primeira que o ofusca e

engana em sua busca de Deus! E se, para acertar o caminho por onde vai, tem necessidade de fechar os olhos e ir às escuras, a fim de andar em segurança contra os inimigos domésticos, que são seus sentidos e potências!

13. Bem segura está, pois, a alma, amparada e escondida aqui, nesta água tenebrosa que se acha junto de Deus. Na verdade, assim como esta água serve ao mesmo Deus de tabernáculo e morada, assim também servirá à alma, nem mais nem menos, de perfeito amparo e segurança, embora esta permaneça nas trevas, escondida e guardada de si mesma, e de todos os males de criaturas, conforme já dissemos. De tais almas se entendem as palavras de Davi em outro salmo: "Tu os esconderás no segredo de tua face contra a turbação dos homens. Tu os defenderás no teu tabernáculo da contradição das línguas" (Sl 30,21). Neste verso do salmo está compreendida toda a espécie de amparo. "Estar escondido na face de Deus, da turbação dos homens" significa estar fortalecido com esta obscura contemplação contra todas as ocasiões que podem sobrevir da parte dos homens. "Ser defendido, em seu tabernáculo, da contradição das línguas", é estar a alma engolfada nesta água tenebrosa, que é o tabernáculo de que fala Davi, conforme dissemos. Tendo, deste modo, a alma, todos os seus apetites e afetos mortificados, e as potências obscurecidas, está livre de todas as imperfeições que contradizem ao espírito, tanto da parte de sua carne como da parte de qualquer outra criatura. Donde, portanto, pode esta alma muito bem dizer que vai "às escuras, segura".

14. Há também outra causa não menos eficaz do que a anterior, para acabarmos de entender perfeitamente como esta alma caminha em segurança na escuridão. É a fortaleza que, desde o início, lhe infunde esta obscura, penosa e tenebrosa água de Deus; pois, enfim, é sempre água, embora tenebrosa, e por isto não pode deixar de refrescar e fortificar a alma no que mais lhe convém, embora o faça de

modo obscuro e penoso. Efetivamente, a alma vê, desde logo, em si mesma, uma verdadeira determinação e eficácia para não fazer coisa alguma que entenda ser ofensa de Deus, como, também, de não omitir coisa em que lhe pareça servi-lo. Aquele obscuro amor inflama-se na alma com muito vigilante cuidado e solicitude interior do que fará ou deixará de fazer para contentar a Deus, reparando e dando mil voltas para ver se foi causa de desgosto para o seu Amado. Tudo isto faz agora com muito maior cuidado e desvelo do que anteriormente nas ânsias e amor já referidas. Aqui todos os apetites, forças e potências da alma já estão desapegados de todas as demais coisas, empregando sua energia e força unicamente ao serviço de seu Deus. Desta maneira sai a alma de si mesma, e de todas as coisas criadas, ao encontro da suavíssima e deleitosa união de amor com Deus, "às escuras, segura",

Pela secreta escada, disfarçada.

❧ Capítulo XVII ❧
Explica-se como esta contemplação obscura é secreta.

1. É conveniente explicar três propriedades referentes a três palavras contidas no presente verso. As duas primeiras – "secreta" e "escada" – pertencem à noite escura de contemplação que vamos expondo; a terceira – "disfarçada" – diz respeito à alma, significando seu modo de proceder nesta noite. Antes de tudo, é preciso saber que alma, aqui neste verso, dá o nome de "secreta escada" à contemplação obscura em que vai caminhando para a união de amor, por causa de duas propriedades desta noite, a saber: ser "secreta" e ser "escada". Trataremos de cada uma delas de per si.

2. Primeiramente chama "secreta" a esta contemplação tenebrosa; porque, como já dissemos, esta é a teologia mística denominada pelos teólogos "sabedoria secreta", a qual, no dizer de Santo Tomás, é comunicada e infundida na alma pelo amor. Esta operação é feita secretamente, na obscuridade, sem ação do entendimento e das outras potências. E como estas não chegam a perceber aquilo que o Espírito Santo infunde e ordena na alma, conforme diz a Esposa nos Cantares, sem ela saber nem compreender como seja, por esta razão lhe dá o nome de "secreta". Na realidade não é somente a alma que não o entende; ninguém mais o entende, nem o próprio demônio. O Mestre, que ensina esta sabedoria secreta, está substancialmente presente à alma, e aí não pode penetrar o demônio, nem tampouco o sentido natural, ou o entendimento.

3. Não é apenas por tal motivo que podemos chamá-la secreta, mas também pelos efeitos que produz na alma. De fato, não é tão somente nas trevas e angústias da purificação, quando a alma sofre a ação purificadora desta sabedoria de amor, que ela é secreta, não sabendo então a mesma alma dizer coisa alguma a respeito dela; ainda mais tarde, na iluminação, quando mais claramente lhe é comunicada esta sabedoria, é tão secreta, que se torna impossível à alma expressá-la, ou encontrar palavra para defini-la. Além de não sentir vontade de o dizer, não acha modo, maneira ou semelhança que quadre para poder significar conhecimento tão subido, e tão delicado sentimento espiritual. Mesmo se tivesse desejo de descrevê-lo, por mais comparações que fizesse, sempre permaneceria secreto e por dizer. Na verdade, tal sabedoria é por demais simples, geral e espiritual para penetrar no entendimento envolta e revestida de qualquer espécie ou imagem dependente do sentido. Como não penetrou no sentido e imaginação esta sabedoria secreta, nem eles perceberam sua cor e traje, não podem, portanto, discorrer sobre ela, e muito menos formar alguma imagem para exprimi-la. A alma, contudo, vê claramente que entende e goza aquela saborosa e peregrina sabedoria. Quem vê uma coisa pela primeira vez, e que nunca viu outra semelhante, embora a compreenda e goze, não pode, entretanto, dar-lhe um nome, ou dizer o que ela é, por mais que o queira, e embora seja esse objeto percebido pelos sentidos. Quanto mais difícil será manifestar aquilo que não entrou pelos mesmos sentidos! Esta particularidade tem a linguagem de Deus: por ser comunicado à alma de modo muito íntimo e espiritual, acima de todo o sentido, logo faz cessar e emudecer toda a harmonia e habilidade dos sentidos exteriores e interiores.

4. Disto encontramos provas com exemplos na divina Escritura. Jeremias nos mostra essa incapacidade de manifestar e exprimir a linguagem divina, quando, diante de

Deus que lhe havia falado, soube apenas balbuciar: "A, a, a" (Jr 1,6). Esta mesma impotência do sentido inferior da imaginação, e também a exterior, para exprimir a comunicação divina, foi manifestada outrossim por Moisés quando se achou em presença de Deus na sarça ardente. Não se limitou a dizer ao Senhor que não sabia nem acertava a falar depois que ele lhe havia falado: chegou a ponto de não poder sequer considerar com a imaginação, conforme se diz nos *Atos dos Apóstolos* (At 7,32); porque até mesmo a imaginação lhe parecia, não só destituída de expressão, e muito longe de poder traduzir algo daquilo que entendia de Deus, mas ainda de todo incapaz para receber alguma participação no que lhe era dado. A sabedoria desta contemplação é linguagem de Deus à alma, comunicada de puro espírito a espírito puro; tudo, portanto, que é inferior ao espírito – como são os sentidos – não a pode perceber, e assim permanece secreta para eles sem que a conheçam ou possam traduzi-la, e mesmo, faltando-lhes vontade para isso, uma vez que não a percebem.

5. Podemos compreender agora o motivo por que algumas pessoas que vão por este caminho, sendo boas e timoratas, quereriam dar conta a seus guias espirituais do que se passa em suas almas, e, contudo, não sabem nem podem fazê-lo. Daí lhes vem grande repugnância para falar do que experimentam, mormente quando a contemplação é algo mais simples, e a alma apenas a sente. Só sabem dizer que a alma está satisfeita, tranquila e contente, e que gozam de Deus, parecendo-lhes que estão em bom caminho. Aquilo, porém, que se passa no íntimo, é impossível exprimir, nem conseguirão, a não ser em termos gerais, semelhantes aos que empregamos. É muito diferente quando as almas recebem graças particulares de visões, sentimentos etc. Tais graças, ordinariamente, são concedidas sob alguma forma sensível, da qual participa o sentido; assim é possível, segundo essa forma, ou outra semelhante, manifestarem as almas o que recebem. A facilidade de ex-

pressão, neste caso, já não é mais em razão de pura contemplação, pois esta é indizível, e por este motivo se chama "secreta".

6. Não é este o único motivo de chamar-se, e ser, secreta a sabedoria mística; é ainda porque tem a propriedade de esconder as almas em si. Por vezes, com efeito, além do que costuma produzir, de tal modo absorve e engolfa a alma em seu abismo secreto, que esta vê claramente quanto está longe e separada de toda criatura. Parece-lhe, então, que a colocam numa profundíssima e vastíssima solidão, onde é impossível penetrar qualquer criatura humana. E como se fosse um imenso deserto, sem limite por parte alguma, e tanto mais delicioso, saboroso e amoroso, quanto mais profundo, vasto e solitário. E a alma aí se acha tão escondida, quanto se vê elevada sobre toda criatura da terra. Este abismo de sabedoria levanta, então, a mesma alma, e a engrandece sobremaneira, fazendo-a beber nas fontes da ciência do amor. Não só lhe dá pleno conhecimento de que toda condição de criatura fica muito aquém deste supremo saber e sentir divino, mas ainda lhe faz ver como são baixos, limitados, e de certo modo impróprios, todos os termos e vocábulos usados nesta vida para exprimir as coisas divinas. A alma entende também como é impossível, por modo e via natural, chegar ao conhecimento e compreensão das coisas de Deus, conforme elas são na realidade, por mais que se fale com elevação e saber, pois somente com a iluminação desta mística teologia se poderá penetrá-las. Conhecendo, portanto, pela iluminação da mesma teologia mística, essa verdade, que não se pode alcançar e muito menos declarar em termos humanos e vulgares, com razão a chama "secretas".

7. O ser esta contemplação divina secreta e ficar acima da capacidade natural não é unicamente devido a sua índole sobrenatural; é, igualmente, por ser caminho que conduz e leva a alma às perfeições da união com Deus. E não sendo tais perfeições humanamente conhecidas, se há de

caminhar a elas humanamente não sabendo, e divinamente ignorando. Falando, como fazemos agora misticamente, as coisas e perfeições divinas não são conhecidas e entendidas quando vão sendo procuradas e exercitadas; muito ao contrário, só o são, quando já se acham possuídas e exercitadas. A este propósito diz o Profeta Baruc, referindo-se à sabedoria divina: "Não há quem possa conhecer os seus caminhos, nem quem descubra as suas veredas" (Br 3,31). Também o Profeta-rei se exprime sobre este caminho da alma, nestes termos, dizendo a Deus: "Fulguraram os teus relâmpagos pela redondeza da terra; estremeceu e tremeu a terra. No mar abriste o teu caminho, e os teus atalhos no meio das muitas águas; e os teus vestígios não serão conhecidos" (Sl 76,19-20).

8. Tudo isto, falando espiritualmente, se compreende em relação ao assunto de que tratamos. Com efeito, "fulgurarem os relâmpagos de Deus pela redondeza da terra" significa a ilustração que produz a contemplação divina nas potências da alma; "estremecer e tremer a terra" é a purificação penosa que nela causa; e dizer que "os atalhos e o caminho de Deus", por onde a alma vai para Ele, "estão no mar", "e seus vestígios em muitas águas", e que por este motivo "não serão conhecidos", é declarar este caminho para ir a Deus tão secreto e oculto ao sentido da alma, como o é para o corpo o caminho sobre o mar, cujas sendas e pisadas não se conhecem. Os passos e pisadas que Deus vai dando nas almas, quando as quer unir a si, engrandecendo-as na união de sua Sabedoria, têm a propriedade de não serem conhecidos. Pelo que no livro de Jó se leem as palavras seguintes, encarecendo esta verdade: "porventura hás tu conhecido os grandes caminhos das nuvens, ou a perfeita ciência?" (Jó 37,16). Compreendem-se aqui as vias e caminhos por onde Deus vai engrandecendo e aperfeiçoando em sua Sabedoria as almas, significadas pelas nuvens. Está, portanto, provado como esta contemplação, que guia a alma a Deus, é sabedoria secreta.

ᐲ Capítulo XVIII ᐲ
Declara-se como esta sabedoria secreta é também escada.

1. Resta-nos agora explicar o segundo termo, isto é, como esta sabedoria secreta é também "escada". Devemos saber, a este respeito, que há muitas razões para chamar a esta secreta contemplação "escada". Primeiramente porque, assim como pela escada se sobe a escalar os bens, tesouros e riquezas que se acham nas fortalezas, assim também por esta secreta contemplação, sem saber como, a alma sobe a escalar, conhecer e possuir os bens e tesouros do céu. Isto nos é mostrado pelo real profeta Davi quando diz: "Bem-aventurado o homem que de ti recebe auxílio, que dispõe elevações em seu coração, neste vale de lágrimas, no lugar que Deus destinou para si; porque o Legislador lhe dará sua bênção, e irá de virtude em virtude (como de grau), e será visto o Deus dos deuses em Sião" (Sl 83,6-8). Aí está significado que Deus é o tesouro da fortaleza de Sião, isto é, da bem-aventurança.

2. Podemos ainda chamar escada a esta contemplação, por outro motivo. Na escada, os mesmos degraus servem para subir e descer. Assim também, nesta secreta contemplação, as mesmas comunicações por ela feitas à alma, ao passo que a elevam em Deus, humilham-na em si mesma. Com efeito, as comunicações verdadeiramente divinas têm esta propriedade de, ao mesmo tempo, elevar e humilhar a alma. Neste caminho, descer é subir, e subir é descer, pois

quem se humilha será exaltado, e quem se exalta será humilhado (Lc 18,14). Além de a virtude da humildade ser grandeza para a alma que nela se exercita, Deus ordinariamente faz subir por esta escada para que desça, e faz descer para que suba, a fim de se realizar esta palavra do Sábio: "O coração do homem eleva-se antes de ser quebrantado e humilha-se antes de ser glorificado" (Pr 18,12).

3. Falemos agora sob o ponto de vista natural, deixando de parte o lado espiritual que não se sente. A alma pode muito bem ver, se quiser atentar, como neste caminho há tantos altos e baixos a padecer, e como, depois da prosperidade que goza, logo vem alguma tempestade e trabalho. Tanto assim, que parece ter sido dada à alma aquela bonança com o fim de preveni-la e esforçá-la para a seguinte penúria. Após a miséria e tormenta, também segue-se a abundância e tranquilidade; dir-se-ia que para preparar aquela festa deram-lhe primeiro aquela vigília. É este o ordinário estilo e exercício do estado de contemplação, até alcançar o repouso definitivo: a alma jamais permanece no mesmo plano, mas está sempre a subir e descer.

4. Esta alternância resulta de que o estado de perfeição consiste no perfeito amor de Deus e desprezo de si mesmo; e, assim, não pode deixar de ter estas duas partes que são o conhecimento de Deus e o conhecimento próprio; portanto, necessariamente, a alma há de ser primeiro exercitada num e outro. Ora goza de um, sendo engrandecida por Deus; ora prova do outro, sendo por ele humilhada, até conseguir hábito perfeito destas duas espécies de conhecimento. Virá então a cessar esta subida e descida, chegando enfim a unir-se com Deus, que está no alto cume desta escada, a qual nele se apoia e se firma. Verdadeiramente esta escada de contemplação que, como dissemos, se deriva de Deus, é figurada por aquela escada que Jacó viu em sonho, e pela qual desciam e subiam os anjos, de Deus ao homem e do homem a Deus, e o mesmo Deus es-

tava assentado no cimo da escada (Gn 23,12). Esta cena, a Escritura divina diz que sucedia de noite, enquanto Jacó estava dormindo, para mostrar como é secreto e diferente do saber humano este caminho e subida para Deus. É isto muito evidente: de ordinário, o que é mais proveitoso à alma, como seja perder-se e aniquilar-se a si mesma, pensa ela ser o pior; e avalia ser o melhor o que menos vale, isto é, achar em tudo consolo e gosto – pois comumente encontra aí mais prejuízo do que lucro.

5. Falando um pouco mais substancial e propriamente desta escada de contemplação secreta, diremos que a principal propriedade para chamar-se secreta é por ser a contemplação ciência de amor, a qual, como já dissemos, é conhecimento amoroso e infuso de Deus. Este conhecimento vai ao mesmo tempo ilustrando e enamorando a alma, até elevá-la, de grau em grau, a Deus, seu Criador; pois unicamente o amor é que une e junta a alma com Deus. Para maior clareza, portanto, iremos apontando agora os degraus desta divina escada; diremos com brevidade os sinais e efeitos de cada um, para que a alma possa conjeturar em qual deles se acha. E, assim, vamos distingui-los por seus efeitos, conforme os descrevem São Bernardo e Santo Tomás. Conhecer esses graus de amor como na verdade são não é possível por via natural; pois esta escada de amor é tão secreta, que só Deus pode conhecer-lhe o peso e a medida.

❧ Capítulo XIX ❧
Começa a explicação dos dez degraus da escada mística do amor divino, segundo S. Bernardo e Sto. Tomás: são expostos os cinco primeiros.

1. Dizemos, pois, que os degraus desta escada mística de amor, por onde a alma sobe, passando de um a outro, até chegar a Deus, são dez. O primeiro degrau de amor faz a alma enfermar salutarmente. Dele fala a Esposa, quando diz: "Conjuro-vos, filhas de Jerusalém, que, se encontrardes o meu Amado, lhe digais que estou enferma de amor" (Ct 5,8). Esta enfermidade, porém, não é para morrer, senão para glorificar a Deus; porque, nela, a alma por amor de Deus desfalece para o pecado e para todas as coisas que não são Deus, como testifica Davi dizendo: "Desfaleceu o meu espírito" (Sl 142,7), isto é, acerca de todas as coisas, para esperar de vós salvação. Assim como o enfermo perde o apetite e gosto de todos os manjares, e se lhe desvanece a boa cor de outrora, assim também, neste degrau de amor, a alma perde o gosto e apetite de todas as coisas, e troca, como apaixonada, as cores e acidentes da vida anterior. Não pode, entretanto, a mesma alma cair nesta doença, se do alto não lhe é enviado um fogo ardente, segundo se dá a entender por este verso de Davi que diz: "Enviarás, ó Deus, uma chuva abundante sobre a tua herança, a qual tem estado debilitada, mas tu a aperfeiçoaste" (Sl 67,10). Esta enfermidade e desfalecimento a todas as coisas é o

princípio e primeiro degrau da escada, em que a alma ascende até Deus; já o explicamos acima, quando falamos do aniquilamento em que se vê a alma ao começar a subir esta escada de contemplação em que é purificada; porque, então, em nada pode achar gosto, apoio ou consolo, nem coisa em que possa afirmar-se. Assim, deste primeiro degrau vai logo começando a subir ao segundo.

2. O segundo degrau faz com que a alma busque sem cessar a Deus. Daí a palavra da Esposa, quando diz que, "buscando-o de noite em seu leito, não o achou" (Ct 3,1). Estava ela então ainda no primeiro degrau de amor, desfalecida. E não o encontrando, continua a exclamar: "Levantar-me-ei e buscarei aquele a quem ama a minha alma" (Ct 3,2). Isto, como já dissemos, é o que faz aqui a alma sem cessar, conforme aconselha Davi nestes termos: "Buscai sempre a face de Deus, e, buscando-o em todas as coisas, em nenhuma reparai, até achá-lo" (Sl 104,4)[31]. Assim fez também a Esposa: perguntando pelo Amado aos guardas, logo passou adiante e os deixou. Maria Madalena, quando estava no sepulcro, nem mesmo nos anjos reparou. Aqui neste degrau anda a alma tão solícita, que em todas as coisas busca o Amado; em tudo que pensa, logo pensa no Amado; seja no falar, seja no tratar dos negócios que se lhe apresentam, logo fala e trata do Amado; quando come, quando dorme, quando vela, ou quando faz qualquer coisa, todo o seu cuidado está no seu Amado, conforme ficou dito acima, a propósito das ânsias de amor. Nesta altura, já o amor vai convalescendo e cobrando forças, que lhe são dadas no segundo degrau; bem cedo começa a subir para o terceiro, por meio de alguma nova purificação na noite, conforme diremos depois, e que opera na alma os efeitos seguintes.

---

31. Citação aproximada: "Buscai ao Senhor e fortificai-vos; buscai sempre a sua face" (Sl 104,4).

3. O terceiro degrau desta amorosa escada faz a alma agir e lhe dá calor para não desfalecer. Dele diz o real profeta: "Bem-aventurado o varão que teme ao Senhor, porque em seus mandamentos se comprazerá muito" (Sl 111,1). Ora, se o temor, por ser filho do amor, produz este efeito de desejo ardente, que fará então o mesmo amor? Aqui neste degrau, a alma tem na conta de pequenas as maiores obras que possa fazer pelo Amado; as muito numerosas, considera-as escassas; e o longo tempo em que o serve, acha breve. Tudo isto, por causa do incêndio de amor em que vai ardendo. Ao patriarca Jacó, a quem fizeram servir sete anos mais, além dos sete primeiros, pareciam-lhe todos muito poucos, pela grandeza do amor que sentia (Gn 29,20). Se, pois, o amor de Jacó, sendo por uma criatura, era tão poderoso, que não poderá o do Criador, quando, neste terceiro degrau, se apodera da alma? Com esse grande amor a Deus em que se sente abrasada, tem aqui a alma grandes pesares e penas, por causa do pouco que faz por Ele; se lhe fosse lícito aniquilar-se mil vezes por Deus, ficaria consolada. Por isto, se tem na conta de inútil, em todas as suas obras, e lhe parece viver em vão. Produz também o amor, neste tempo, outro efeito admirável: a alma está verdadeiramente convencida, no seu íntimo, de ser a pior de todas as criaturas, primeiramente porque o amor lhe ensina quanto Deus merece; de outra parte, porque julga suas próprias obras, embora sejam muitas, como cheias de faltas e imperfeições, e daí lhe vem grande confusão e dor, por ver como o que faz é tão baixo, para tão alto Senhor. Neste terceiro degrau, a alma está muito longe de ter vanglória ou presunção, ou ainda de condenar a outrem. Tal solicitude, juntamente com outros muitos efeitos do mesmo gênero, produz na alma este terceiro degrau de amor; daí, o tomar coragem e forças para subir até o quarto, que é o seguinte.

4. O quarto degrau da escada de amor causa na alma uma disposição para sofrer, sem se fatigar, pelo seu Ama-

do. Porque, como diz Santo Agostinho, todas as coisas grandes, graves e pesadas, tornam-se nada, havendo amor. Deste degrau falou a Esposa quando disse ao Esposo, desejando ver-se já no último degrau: "Põe-me como um selo sobre teu coração, como um selo sobre teu braço; porque o amor é forte como a morte, e o zelo do amor é tenaz como o inferno" (Ct 8,6). O espírito tem aqui tanta força, e mantém a carne sob tal domínio, que não faz mais caso dela do que a árvore de uma de suas folhas. De modo algum busca a alma, neste degrau, sua consolação ou gosto, seja em Deus ou em qualquer outra coisa; não anda também a desejar ou pretender pedir mercês a Deus, pois vê claramente já haver recebido grandíssimas. Todo seu cuidado consiste em verificar como poderá dar algum gosto a Deus, e servi-lo pelo que ele merece e em agradecimento das misericórdias recebidas dele, ainda que isso custasse muito. Exclama em seu coração e em seu espírito: "Ah! Deus e Senhor meu! quantas almas estão sempre a buscar em ti seu consolo e gosto, e a pedir que lhes concedas mercês e dons! Aquelas, porém, que pretendem agradar-te e oferecer-te algo à própria custa, deixando de lado seu interesse, são pouquíssimas. Não está a falta, Deus meu, em não quereres tu fazer-nos sempre mercês, mas, sim, em não nos aplicarmos, de nossa parte, a empregar só em teu serviço as graças recebidas, a fim de obrigar-te a favorecer-nos continuamente". Muito elevado é este degrau de amor. E como a alma, abrasada em amor tão sincero, anda sempre em busca de seu Deus, com desejo de padecer por Ele, Sua Majestade lhe concede muitas vezes, e com muita frequência, o gozar, visitando-a no espírito, saborosa e deliciosamente; porque o imenso amor do Verbo-Cristo não pode sofrer penas de sua amada sem acudir-lhe. É o que nos diz ele por Jeremias, com estas palavras: "Lembrei-me de ti, compadecendo-me de tua mocidade, e do amor de teus desposórios, quando me seguiste no deserto" (Jr 2,2). O qual, espiritualmente falando, significa o desarrimo de toda criatura, em que a alma permanece agora, sem se deter nem descansar em coisa alguma. Este quarto degrau inflama de tal modo a alma, e a incendeia em tão grande desejo de Deus, que a faz subir ao quinto, o qual é como segue.

5. O quinto degrau da escada de amor faz a alma apetecer e cobiçar a Deus impacientemente. Neste degrau é tanta a veemência da alma amante em seu desejo de compreender a Deus, e unir-se com ele, que toda dilação, seja embora mínima, se lhe torna muito longa, molesta e pesada. Está sempre pensando em achar o Amado; e quando vê frustrado seu desejo – o que acontece quase a cada passo –, desfalece em sua ânsia, conforme diz o salmista falando deste degrau: "Suspira e desfalece minha alma, desejando os átrios do Senhor" (Sl 83,2). Neste degrau, a alma que ama, ou vê o Amado, ou morre. Raquel, estando nele, pelo nímio desejo que tinha de ter filhos, disse a seu esposo Jacó: "Dá-me filhos, senão morrerei" (Gn 30,1). Padecem as almas aqui fome, como cães cercando e rodeando a cidade de Deus (Sl 58,7). Neste faminto degrau se nutre a alma de amor: porque, conforme a fome, é a fartura. E assim, pode agora subir ao sexto degrau, que produz os seguintes efeitos.

❧ Capítulo XX ❧
São expostos os outros cinco degraus de amor.

1. O sexto degrau leva a alma a correr para Deus com grande ligeireza, e muitas vezes consegue nele tocar. Sem desfalecer, corre pela esperança, pois aqui o amor já deu forças à alma, fazendo-a voar com muita rapidez. Deste degrau também fala o Profeta Isaías: "Os santos que esperam em Deus adquirirão sempre novas forças, terão asas como as da águia. Voarão e não desfalecerão" (Is 40,31), como desfaleciam no quinto degrau. Refere-se igualmente a ele a palavra do Salmo: "Assim como o cervo suspira pelas fontes das águas, assim minha alma suspira por ti, ó Deus" (Sl 41,2). Com efeito, o cervo, quando tem sede, corre com grande ligeireza para as águas. A causa desta ligeireza no amor, que a alma sente neste degrau, vem de estar nela muito dilatada a caridade, e a purificação quase de todo acabada. Neste sentido diz também o salmo: "Sem iniquidade corri" (Sl 58,5). E outro salmo diz: "Corri pelo caminho dos teus mandamentos, quando dilataste meu coração" (Sl 118,32). E, assim, deste sexto degrau sobe logo para o sétimo, que é o seguinte.

2. O sétimo degrau da escada mística torna a alma ousada com veemência. Já não se vale mais o amor do raciocínio para esperar, nem do conselho para retirar-se, nem do recato para refrear-se, porque a misericórdia a ela feita, então, por Deus, leva-a a atrever-se impetuosamente. Cum-

pre-se o que diz o Apóstolo: "A caridade tudo crê, tudo espera e tudo pode" (1Cor 13,7)[32]. Deste degrau falou Moisés, quando pediu a Deus que, ou perdoasse ao povo, ou lhe riscasse o nome do livro da vida, onde o havia escrito" (Ex 32,31-32). Tais almas alcançam de Deus tudo quanto lhes apraz pedir. Por isto, exclama Davi: "Deleita-te no Senhor e dar-te-á ele as petições do teu coração" (Sl 36,4). Neste degrau atreveu-se a Esposa a dizer: "Beije-me com um beijo de sua boca" (Ct 1,1). Não seria, contudo, lícito à alma ousar tanto, em querer subir a este degrau, se não sentisse, no seu íntimo, o cetro do Rei inclinar-se favoravelmente para ela; a fim de que não lhe suceda, porventura, cair dos outros degraus que até então já subiu, nos quais sempre se há de manter com humildade. Depois desta ousadia e confiança, concedidas por Deus à alma, neste sétimo degrau, para atrever-se a chegar a ele com toda a veemência de seu amor, passa ela ao oitavo degrau que é apoderar-se do Amado e unir-se com ele, conforme vai ser dito.

3. O oitavo degrau de amor faz a alma agarrar e segurar sem largar o seu Amado, conforme diz a Esposa nestes termos: "Achei o que ama a minha alma, agarrei-me a ele e não o largarei mais" (Ct 3,4). Neste degrau de união, a alma satisfaz seu desejo, mas não ainda de modo contínuo. Algumas, apenas chegam a pôr o pé neste degrau, logo volvem a tirá-lo. Se durasse sempre a união, seria, já nesta vida, uma espécie de glória para a alma; e assim não pode permanecer neste degrau senão por breves tempos. Ao Profeta Daniel, por ser varão de desejos, foi mandado da parte de Deus que permanecesse neste degrau, quando lhe foi dito: "Daniel, está em teu degrau, porque és varão de dese-

---

32. Citação aproximada, dizendo o texto: "A caridade tudo crê, tudo espera, tudo sofre".

jo" (Dn 10,11)[33]. Após este degrau vem o nono, que já é dos perfeitos, conforme vamos dizer.

4. O nono degrau de amor faz a alma arder suavemente. Este degrau é dos perfeitos, que ardem no amor de Deus com muita suavidade: ardor cheio de doçura e deleite, produzido pelo Espírito Santo, em razão da união que eles têm com Deus. Por isto diz São Gregório, referindo-se aos apóstolos, que, ao descer visivelmente sobre eles o Espírito Santo, arderam interiormente em suavíssimo amor. Quanto aos bens e riquezas divinas de que a alma goza neste degrau, é impossível falar. Mesmo se fossem escritos muitos livros sobre o assunto, a maior parte ficaria ainda por dizer. Por esta razão, e também porque depois pretendemos dizer mais alguma coisa sobre este degrau, aqui não me estendo. Digo somente que a ele se segue o décimo e último degrau da escada de amor, o qual já não é da vida presente.

5. O décimo e último degrau desta escada secreta de amor faz a alma assimilar-se totalmente a Deus, em virtude da clara visão de Deus que a alma possui imediatamente, quando, depois de ter subido nesta vida ao nono degrau, sai da carne. De fato os que chegam até aí – e são poucos –, como estão perfeitamente purificados pelo amor, não passam no purgatório. Daí o dizer São Mateus: "Bem-aventurados os limpos de coração, porque verão a Deus" (Mt 5,8). E, como dissemos, esta visão é a causa da total semelhança da alma com Deus. Assim o declara São João: "Sabemos que seremos semelhantes a Ele" (1Jo 3,2). Não significa que a alma terá a mesma capacidade de Deus, pois isto é impossível; mas que todo o seu ser se fará semelhan-

---

33. Citação aproximada. Diz o texto: "Daniel, varão de desejos... levanta-te em pé".

te a Deus, e deste modo poderá chamar-se, e na realidade será, Deus por participação.

6. Tal é a escada secreta de que a alma fala aqui, embora, nestes degraus superiores, já não lhe seja tão secreta, pois o amor se descobre muito à alma, pelos grandes efeitos que nela produz. Neste último degrau, porém, de clara visão – o último da escada onde Deus se assenta –, não mais existe para ela coisa alguma encoberta, em razão da assimilação total. Assim o disse nosso Salvador: "Naquele dia já não me perguntareis coisa alguma" (Jo 16,23). Até que chegue, entretanto, aquele dia, por mais elevada que esteja a alma, há sempre para ela algo escondido, na proporção do que lhe falta para chegar à total assimilação com a divina essência. Eis como a alma, por meio desta teologia mística e amor secreto, vai saindo de todas as coisas e de si mesma e subindo até Deus; porque o amor é semelhante ao fogo; sempre sobe para as alturas, com apetite de engolfar-se no centro de sua esfera.

❧ Capítulo XXI ❧
Explica-se a palavra "disfarçada" e dizem-se as cores do disfarce da alma nesta noite.

1. Depois de ter indicado os motivos da alma chamar "secreta escada" a esta contemplação, falta agora explicar também a terceira palavra do verso, isto é, "disfarçada", dizendo igualmente a razão por que a alma canta haver saído por esta "secreta escada, disfarçada".

2. Para entendê-lo é preciso saber que disfarçar-se não é outra coisa senão dissimular-se e encobrir-se, sob outro traje e figura, diferentes dos de costume; seja para esconder, com aquela nova forma de vestir, o desejo e pretensão do coração, com o fim de conquistar a vontade e agrado de quem se ama, seja para ocultar-se aos seus êmulos, e assim poder melhor realizar seu intento. Tomará então alguém os trajes e vestes que melhor interpretem e signifiquem o afeto de seu coração, e graças aos quais possa mais vantajosamente esconder-se dos seus inimigos.

3. A alma, pois, tocada aqui pelo amor do Esposo Cristo, pretendendo cair-lhe em graça e conquistar-lhe a vontade, sai agora com aquele disfarce que mais ao vivo exprime as afeições de seu espírito, e com o qual vai mais a coberto dos adversários e inimigos, a saber, mundo, demônio e carne. Assim, a libré que veste compõe-se de três cores principais: branca, verde e vermelha. Nestas cores são significadas as três virtudes teologais, fé, esperança e caridade, com as

quais não só ganhará a graça e a vontade de seu Amado, mas irá, além disso, muito amparada e segura quanto aos seus três inimigos. A fé é uma túnica interior de tão excelsa brancura que ofusca a vista de todo entendimento. Quando a alma caminha vestida de fé, o demônio não a vê, nem atina a prejudicá-la, porque com a fé, muito mais do que com todas as outras virtudes, vai bem amparada, contra o demônio, que é o mais forte e astuto inimigo.

4. Por isto, São Pedro não achou outro melhor escudo para livrar-se dele, ao dizer: "Ao qual resisti permanecendo firmes na fé" (1Pd 5,9). Para conseguir a graça e união do Amado, a alma não pode vestir melhor túnica e camisa como fundamento e princípio das demais vestes de virtude, do que esta brancura da fé, pois "sem ela", conforme diz o Apóstolo, "impossível é agradar a Deus" (Hb 11,6). Com a fé, porém, não pode deixar de agradar, segundo testifica o próprio Deus pela boca de um profeta: "Desposar-te-ei na fé" (Os 2,20)[34]. É como se dissesse: Se queres, ó alma, unir-te e desposar-te comigo, hás de vir interiormente vestida de fé.

5. Esta brancura da fé revestia a alma na saída desta noite escura, quando caminhava em meio às trevas e angústias interiores, como já dissemos. Não havia em seu entendimento luz alguma que a consolasse: nem do céu – pois este parecia estar fechado para ela, e Deus escondido; nem de terra – pois os que a orientavam não a satisfaziam. A alma, no entanto, sofreu tudo com perseverança e constância, passando aqueles trabalhos sem desfalecer e sem faltar ao Amado. É ele que, por meio dos sofrimentos e tribulações, prova a fé de sua Esposa, a fim de que ela possa depois apropriar-se daquele dito de Davi: "Por amor às palavras de teus lábios, guardei caminhos penosos" (Sl 16,46).

---

34. O texto diz: "Desposar-te-ei com inviolável fidelidade".

6. Logo acima desta túnica branca da fé, sobrepõe a alma uma segunda veste que é uma almilha verde".[35] Por esta cor é significada a virtude da esperança, como já dissemos acima. Por meio dela, em primeiro lugar a alma se liberta e defende do segundo inimigo, que é o mundo. Na verdade, este verdor de esperança viva em Deus confere à alma tanta vivacidade e ânimo, e tanta elevação às coisas da vida eterna, que toda coisa da terra, em comparação a tudo quanto espera alcançar no céu, lhe parece murcha, seca e morta, como na verdade é, e de nenhum valor. Aqui se despe e despoja, então, a alma, de todas essas vestes e trajes do mundo, tirando seu coração de todas elas, sem prendê-lo a nada. Não mais espera coisa alguma que exista ou haja de existir neste mundo, pois vive vestida unicamente de esperança da vida eterna. Assim, a tal ponto se lhe eleva o coração acima deste mundo, que não somente lhe é impossível apegar-se ou apoiar-se nele, mas nem mesmo pode olhá-lo de longe.

7. A alma vai, portanto, com esta verde libré e disfarce, muito segura contra seu segundo inimigo que é o mundo. À esperança chama São Paulo "elmo de salvação" (1Ts 5,8). Este capacete é armadura que protege toda a cabeça, cobrindo-a de modo a ficar descoberta apenas uma viseira, por onde se pode olhar. Eis a propriedade da esperança: cobrir todos os sentidos da cabeça da alma, para que não se engolfem em coisa alguma deste mundo, e não haja lugar por onde os possa ferir alguma seta deste século. Só deixa à alma uma viseira, a fim de poder levantar os olhos para cima, e nada mais. Tal é, ordinariamente, o ofício da esperança dentro da alma – levantar os seus olhos para olhar somente a Deus, como diz Davi: "Meus olhos estão sempre voltados para o Senhor" (Sl 24,15). Não esperava bem algum de ou-

---

35. Almilha: peça de vestuário justa ao corpo e com mangas (Dicionário Aulete).

tra parte, conforme ele mesmo diz em outro salmo: "Assim como os olhos da escrava estão postos nas mãos da sua senhora, assim os nossos estão fixados sobre o Senhor, nosso Deus, até que tenha misericórdia de nós" (Sl 122,2).

8. Assim, quando a alma se reveste da verde librê da esperança – sempre olhando para Deus, sem ver outra coisa nem querer outra paga para o seu amor a não ser unicamente Ele –, o Amado, de tal forma nela se compraz, que, na verdade, pode-se dizer que a alma dele alcança tanto quanto espera. Assim se exprime o Esposo nos Cantares, dizendo à Esposa: "Chagaste meu coração com um só de teus olhos" (Ct 4,9). Sem essa librê verde de pura esperança em Deus não convinha a alma sair a pretender o amor divino; nada teria então alcançado, pois o que move e vence a Deus é a esperança porfiada.

9. Com a librê da esperança, a alma caminha disfarçada por esta secreta e escura noite de que já falamos; vai agora tão vazia de toda posse e apoio, que não põe os olhos, nem a solicitude, em outra coisa a não ser Deus; mantém mesmo "a sua boca no pó se, porventura, aí houver esperança", conforme diz Jeremias no trecho já citado (Lm 3,29).

10. Em cima do branco e verde, para remate e perfeição do disfarce, traz a alma agora a terceira cor, que é uma primorosa toga vermelha, significando a terceira virtude, a caridade. Esta não somente realça as outras duas cores, mas eleva a alma a tão grande altura que a põe junto de Deus, formosa e agradável, ao ponto de ela mesma atrever-se a dizer: "Embora seja morena, ó filhas de Jerusalém, sou formosa; e por isto me amou o Rei, e me pôs em seu leito" (Ct 1,4)[36]. Com esta librê da caridade, que é já a librê

---

36. Citação aproximada, unindo dois trechos diversos. 1º) "Eu sou trigueira, mas formosa, filhas de Jerusalém" (Ct 1,4). 2º) "O Rei introduziu-me nos seus aposentos" (Ct 1,3).

168

do amor, e faz crescer o amor do Amado, a alma fica amparada e escondida do terceiro inimigo, a carne; pois, onde existe verdadeiro amor de Deus, não entra amor de si nem de seus interesses. E, mais ainda, a caridade dá valor às outras virtudes, fortalecendo-as e avigorando-as para proteger a alma; dá também graça e gentileza, para com elas agradar ao Amado, pois sem a caridade nenhuma virtude é agradável a Deus. É esta a púrpura de que fala o livro dos Cantares, sobre a qual Deus se recosta (Ct 3,10). Com esta libré vermelha vai a alma vestida, quando, na noite escura – como acima dissemos na explicação da canção primeira –, sai de si mesma e de todas as coisas criadas, "de amor em vivas ânsias inflamada", subindo esta secreta escada de contemplação, até a perfeita união do amor de Deus, sua salvação tão desejada.

11. Tal é o disfarce usado pela alma na noite da fé, subindo pela escada secreta, e tais são as três cores de sua libré. São elas convenientíssima disposição para se unir com Deus segundo suas três potências, entendimento, memória e vontade. A fé esvazia e obscurece o entendimento de todos os seus conhecimentos naturais, dispondo-o assim à união com a sabedoria divina; a esperança esvazia e afasta a memória de toda posse de criatura, porque, como São Paulo diz, a esperança tende ao que não se possui (Rm 8,24), e por isto aparta a memória de tudo quanto pode possuir, a fim de a colocar no que espera. Deste modo, a esperança em Deus só dispõe puramente a memória para a união divina. E, enfim, a caridade, de maneira semelhante, esvazia e aniquila as afeições e apetites da vontade em qualquer coisa que não seja Deus, e os põe só nele. Assim, também, esta virtude dispõe essa potência, e a une com Deus por amor. Como, pois, estas virtudes têm ofício de apartar a alma de tudo que é menos do que Deus, consequentemente têm o de uni-la com Deus.

12. Se, portanto, a alma não caminha verdadeiramente vestida com o traje destas três virtudes, é impossível chegar à perfeita união com Deus por amor. Logo, para alcançar o que pretendia, isto é, a amorosa e deleitosa união com seu Amado, foi muito necessário e conveniente este traje e disfarce que tomou. Foi, do mesmo modo, grande ventura o conseguir vesti-lo, perseverar com ele até alcançar tão desejada pretensão e fim, qual era a união de amor. Por isto, apressa-se em dizer o verso:

Oh! ditosa ventura!

❧ Capítulo XXII ❧
Explica-se o terceiro verso da canção segunda.

1. Bem claro está quão ditosa ventura foi, para a alma, sair com tal empresa, como foi esta. Pela sua saída, livrou-se do demônio, do mundo e de sua própria sensualidade, conforme ficou dito. Alcançando a liberdade de espírito, tão preciosa e desejada por todos, passou a alma das coisas baixas para as elevadas. Transformou-se de terrestre em celestial, e, de humana que era, fez-se divina, tendo agora sua moradia nos céus, como sucede à alma neste estado de perfeição. É o que daqui por diante iremos descrevendo, embora com maior brevidade.

2. O que havia de mais importante no assunto já foi suficientemente esclarecido, pois procurei dar a entender — embora muito menos do que na verdade é – como esta noite escura traz à alma inumeráveis bens, e quão ditosa ventura lhe foi passar por ela. O motivo principal que me levou a tratar disto foi explicar esta noite a muitas almas, que, estando dentro dela, contudo, a ignoravam, como já dissemos no prólogo. Assim, quando se espantarem com o horror de tantos trabalhos, animem-se com a esperança certa de tantos e tão avantajados bens de Deus, que alcançarão por meio desta noite. Além de todos esses proveitos, é ainda "ditosa ventura" para a alma esta noite, pela razão que ela expõe logo no verso seguinte dizendo:

Às escuras, velada.

☙ Capítulo XXIII ❧

Explicação do quarto verso. Descreve-se o admirável esconderijo em que é posta a alma nesta noite, e como o demônio, embora penetre em outros lugares muito elevados, não pode entrar neste.

1. "Velada"[37] é tanto como dizer: escondidamente, às ocultas. Por conseguinte, quando diz a alma aqui que saiu "às escuras, velada", dá a entender com mais precisão a grande segurança, já referida no primeiro verso desta canção, e pela qual caminha à união de amor com Deus, nesta contemplação obscura.

2. Dizendo, pois, a alma: "Às escuras, velada", quer significar que, indo assim às escuras, caminhava encoberta e escondida ao demônio, às suas ciladas e embustes. O motivo de ir a alma livre e escondida destes embustes do inimigo, na obscuridade da contemplação, e por ser a mesma contemplação infundida na alma de modo passivo e secreto e às ocultas dos sentidos e potências, interiores e exteriores da parte sensitiva. Daí procede andar a alma escondida e livre, não só das suas potências, que não mais podem impedi-la com sua fraqueza natural, mas também do demônio; porque este inimigo, só por meio dessas potências sensitivas, pode alcançar e conhecer o que há na

---

37. O original diz *en celada*. A palavra *celada* significa, em português, elmo, armadura antiga que cobre a cabeça (Dicionário de Aulete).

alma, ou o que nela se passa. Assim, quanto mais espiritual, interior e remota dos sentidos é a comunicação, tanto menos o demônio consegue entendê-la.

3. É, pois, muito importante para a segurança da alma que suas relações íntimas com Deus sejam de tal modo, que seus mesmos sentidos da parte inferior fiquem às escuras, privados disso, e não o percebam; primeiramente, para que a comunicação possa ser mais abundante, não impedindo a fraqueza da parte sensitiva a liberdade do espírito; depois, para que, conforme dissemos, vá a alma com mais segurança, não a alcançando o demônio, em tão íntimo recesso. A este propósito podemos tomar, sob o ponto de vista espiritual, aquele texto de nosso Salvador que diz: "Não saiba a tua mão esquerda o que faz a direita" (Mt 6,3). Como se dissesse: O que se passa na parte direita, que é a superior e espiritual da alma, não o saiba a esquerda, isto é, seja de tal maneira que a parte inferior da alma, ou a parte sensitiva, não o alcance, e seja tudo em segredo entre o espírito e Deus.

4. Sem dúvida, muitas vezes acontece à alma receber estas comunicações espirituais, sobremaneira íntimas e secretas, sem que o demônio chegue a conhecer quais são e como se passam; contudo, pela grande pausa e silêncio causador nos sentidos e potências da parte sensitiva por algumas dessas comunicações, bem pode o inimigo perceber que existem, e que a alma recebe alguma graça de escol. Como ele vê que não consegue contradizê-la, pois tais coisas se passam no fundo da alma, procura por todos os meios alvoroçar e perturbar a parte sensitiva que está a seu alcance. Provoca, então, aí, dores, ou aflige com sustos e receios, a fim de causar inquietações e desassossego na parte superior da alma, onde ela está recebendo e gozando aqueles bens. Muitas vezes, porém, quando a comunicação de tal contemplação é infundida puramente no espírito, agindo sobre ele com muita força, de nada servem as astúcias do demônio para perturbar a alma. Ao contrário, ela recebe então novo proveito e também mais segura e profunda

paz; porque, ao pressentir a perturbadora presença do inimigo – oh! coisa admirável! –, sem nada fazer de sua parte, e sem que saiba como isto se realiza, a alma penetra no mais recôndito do seu íntimo centro, sentindo muito bem que se refugia em lugar seguro, onde se vê mais distante e escondida do inimigo. Recebe, então, um aumento daquela paz e gozo que o demônio pretendia tirar-lhe. E assim todos os temores que antes sofrera na parte exterior desaparecem, e a alma claramente o percebe, folgando agora por se ver tão a salvo, no gozo daquela quieta paz e deleite do Esposo escondido. Essa paz, nem o mundo nem o demônio lhe podem dar ou tirar; e a alma sente então a verdade do que diz a Esposa a este propósito, nos Cantares: "Eis aqui o leito de Salomão ao qual cercam sessenta valentes dos mais fortes de Israel... por causa dos temores noturnos" (Ct 3,7-8). Tal é a fortaleza e paz de que goza, embora muitas vezes sinta exteriormente tormentos na carne e nos ossos.

5. Em outras ocasiões, quando a comunicação espiritual não é infundida profundamente no espírito, mas dela participa também o sentido, com maior facilidade o demônio consegue perturbar o espírito, inquietando-o por meio do sentido, com os horrores já referidos. É grande, então, o tormento e pena que causa no espírito; chega às vezes a ser muito mais do que se pode exprimir. Como vai diretamente de espírito a espírito, é intolerável esse horror que causa o mau ao bom, digo, o demônio à alma, quando consegue penetrá-la com sua perturbação. A Esposa nos Cantares exprime bem essa realidade, quando conta o que lhe sucedeu, no tempo em que quis descer ao seu interior recolhimento para gozar destes bens, dizendo assim: "Desci ao jardim das nogueiras, para ver os pomos dos vales e para examinar se a vinha tinha lançado flor. Não soube; conturbou-se-me a alma toda por causa dos carros de Aminadab" (Ct 6,10), que é o demônio.

6. Outras vezes acontece, quando as comunicações vêm por meio do anjo bom, chegar o demônio, nessas circunstâncias, a ver algumas mercês que Deus quer fazer à alma; por-

que as graças concedidas por intermédio do bom anjo, ordinariamente permite o Senhor que as entenda o adversário. Assim o permite, para que o demônio faça contra elas o que puder, segundo a proporção da justiça, e não possa depois alegar seus direitos, dizendo que não lhe é dada oportunidade para conquistar a alma, como disse no caso de Jó (Jó 1,9). Isto se daria se Deus não permitisse certa igualdade entre os dois guerreiros, isto é, entre o anjo bom e o anjo mau, em relação à alma; consequentemente, terá maior valor a vitória de um ou de outro, e a mesma alma, sendo fiel e vencedora na tentação, será mais recompensada.

7. Por este motivo – convém observá-lo – Deus, na mesma medida e maneira em que vai conduzindo a alma e tratando com ela, permite também ao demônio ir agindo. Se a alma tem visões verdadeiras por meio do bom anjo, como ordinariamente acontece – pois, embora apareça Cristo, quase nunca o faz em sua própria pessoa, e sim por este meio –, de modo semelhante, com permissão de Deus, o anjo mau lhe representa outras visões falsas no mesmo gênero. E assim, julgando pela aparência, pode a alma, se não tiver cautela, facilmente ser enganada, como já aconteceu a muitas. Há disto uma figura no Êxodo, onde se conta que todos os prodígios verdadeiros que fazia Moisés eram reproduzidos falsamente pelos mágicos do faraó. Se Moisés tirava rãs, também eles tiravam; se fazia a água tornar-se sangue, eles também faziam o mesmo (Ex 7,11.20.22; 8,7).

8. Não é somente este gênero de visões corporais que o demônio imita; mete-se também nas comunicações espirituais. Como são concedidas por meio do anjo bom, consegue o inimigo percebê-las, porque, segundo diz Jó, "ele vê tudo o que há de sublime" (Jó 41,25). E assim procura imitá-las. Estas graças, todavia, por serem infundidas no espírito, não tendo, portanto, forma ou figura, o demônio não as pode imitar ou representar, como acontece às que

são concedidas debaixo de alguma figura. Por isto, quando a alma é daquele modo visitada, ele, para combatê-la, procura ao mesmo tempo incutir-lhe seu espírito de temor, para impugnar e destruir um espírito com outro. Quando assim acontece, no tempo em que o anjo bom começa a comunicar à alma a espiritual contemplação, ela não pode recolher-se no esconderijo secreto da contemplação tão depressa que não seja vista pelo demônio; e, então, ele a acomete com impressões de horror e perturbação espiritual, às vezes penosíssimas. Em outras ocasiões, entretanto, sobra à alma tempo para fugir depressa, antes que o espírito mau possa causar-lhe aquelas impressões de horror; consegue recolher-se dentro de si, favorecida nisto pela eficaz mercê espiritual, recebida, nessa hora, do anjo bom.

9. Por vezes prevalece o demônio, prendendo a alma na perturbação e horror, coisa mais aflitiva do que qualquer tormento desta vida. Como esta horrenda comunicação vai de espírito a espírito, muito às claras, e de certo modo despojada de todo o corporal, é penosa sobre todo sentido. Permanece algum tempo no espírito tal investida do demônio, mas não pode durar muito, porque sairia do corpo o espírito humano, devido à veemente comunicação do outro espírito. Fica, depois, somente a lembrança do sucedido, o que basta para causar grande sofrimento.

10. Tudo o que acabamos de descrever sucede à alma passivamente, sem que ela contribua de modo algum para acontecer-lhe ou não. Torna-se precisa, contudo, uma observação: quando o anjo bom permite ao demônio a vantagem de atingir a alma com este espiritual terror, visa purificá-la e dispô-la, com esta vigília espiritual, para alguma festa e mercê sobrenatural que lhe quer conceder aquele que nunca mortifica senão para dar vida, e jamais humilha senão para exaltar. E isto se realiza pouco depois; a alma, na medida em que sofreu aquela purificação tenebrosa e horrível, goza, a seguir, de admirável e saborosa contemplação

espiritual, por vezes tão sublime que não há linguagem para traduzi-la. Com o antecedente horror do espírito mau subtilizou-se muito o mesmo para ser capaz de receber este bem; porque estas visões espirituais são mais próprias da outra vida do que desta, e, quando a alma recebe uma delas, dispõe-se para outra.

11. Tudo quanto foi dito agora deve ser entendido a respeito da visita de Deus à alma por meio do anjo bom, durante a qual ela não caminha totalmente às escuras, nem tão velada, que não possa alcançá-la o inimigo. Quando Deus, porém, visita por si mesmo a alma, então se realiza plenamente o verso já citado; porque de modo total, "às escuras, velada", sem que a veja o demônio, recebe as mercês espirituais de Deus. A razão disto é a morada substancial de Sua Majestade na alma, onde nem o anjo nem o demônio podem chegar a entender o que se passa. Consequentemente, não podem conhecer as íntimas e secretas comunicações que há entre ela e Deus. Estas mercês, por serem feitas diretamente pelo Senhor, são totalmente divinas e soberanas; são todas, na verdade, toques substanciais de divina união entre a alma e Deus. Num só desses toques, que constituem o mais alto grau possível de oração, recebe a alma maior bem do que em tudo o mais.

12. São estes, com efeito, os toques que a Esposa começou por pedir nos Cantares, dizendo: "Beije-me com um beijo de sua boca" (Ct 1,1). Por ser coisa que se passa em tão íntima união com Deus, onde a alma com tantas ânsias deseja chegar, por isto estima e cobiça mais um destes toques da Divindade, do que todas as demais mercês feitas a ela por Deus. E assim, tendo dito a Esposa nos Cantares que ele lhas havia feito muitas, conforme havia ali cantado, não se deu, contudo, por satisfeita; pediu-lhe esses toques divinos, com estas palavras: "Quem me dera que te tenha a ti por irmão meu, mamando nos peitos de minha mãe, e que eu te ache fora, para que te beije, e assim não me despreze ninguém!" (Ct 8,1). Nestas palavras dá a

entender que desejava fosse a comunicação de Deus direta, como vamos dizendo, e que fosse "fora", e às escondidas de toda criatura. É o que significa: "fora, mamando", isto é, enfreando e mortificando os peitos dos apetites e afeições da parte sensitiva. Isto se realiza quando a alma, já na liberdade do espírito, goza destes bens com inteira paz e deleite, sem que a parte sensitiva possa servir-lhe de obstáculo, nem o demônio, por meio dos sentidos, consiga contradizê-la. Então não se atreveria mais o inimigo a perturbá-la, pois não o conseguiria; nem poderia tampouco chegar a entender estes divinos toques, dados na substância da alma, pela amorosa substância de Deus.

13. A tão elevada graça ninguém pode chegar sem íntima purificação e despojamento, no esconderijo espiritual de tudo quanto é criatura; e isto, na obscuridade, como já explicamos longamente mais acima, e continuamos a fazê-lo neste verso. Veladamente e no escondido: é neste esconderijo, repetimos, que se vai confirmando a alma na união com Deus por amor, e por este motivo ela canta no referido verso, dizendo: "Às escuras, velada".

14. Quando aquelas mercês são feitas à alma escondidamente, isto é, somente no espírito, conforme já explicamos, acontece, em algumas dessas graças, achar-se a alma, sem que ela o saiba compreender, de tal modo apartada e separada, segundo a parte espiritual e superior, da parte inferior e sensitiva, que conhece haver em si mesma duas partes bem distintas. Afigura-se-lhe até que são independentes, e nada tem a ver uma com a outra, tão separadas e longínquas estão entre si. Na verdade, assim o é, de certa maneira; porque a operação toda espiritual, que então se realiza na alma, não se comunica à parte sensitiva. Desta sorte, a alma se vai tornando toda espiritual; e neste esconderijo de contemplação unitiva, as paixões e apetites espirituais vão sendo afinal mortificados em grau muito intenso. Assim, a alma, falando da parte superior, diz logo neste último verso:

Já minha casa estando sossegada.

❧ Capítulo XXIV ❧
Termina a explicação da canção segunda.

1. As últimas palavras significam o seguinte: estando a parte superior de minha alma – como igualmente a inferior – já sossegada em seus apetites e potências, parte para a divina união de amor com Deus.

2. De duas maneiras, por meio daquela guerra da noite escura já descrita, é combatida e purificada a alma, a saber: segundo a parte sensitiva, e segundo a parte espiritual, em todos os seus sentidos, potências e paixões. Assim também de duas maneiras, isto é, segundo essas duas partes, sensitiva e espiritual, em todas as suas potências e apetites, consegue a alma paz e sossego. Por este motivo, torno a dizer, ela repete, duas vezes, o verso: uma, na canção passada, e outra na presente. Deste modo o faz, em razão das duas partes da alma, a espiritual e a sensitiva. É necessário que ambas, a fim de chegarem à divina união de amor, sejam primeiro reformadas, ordenadas e pacificadas, em relação a tudo quanto é sensitivo e espiritual, à semelhança do estado de inocência que havia em Adão. Neste verso, portanto – que na canção primeira foi entendido a respeito do sossego da parte inferior e sensitiva –, agora, na canção segunda, se entende especialmente da parte superior e espiritual. Por esta razão foi dito duas vezes o verso.

3. O sossego e quietação desta casa espiritual é alcançado pela alma de modo habitual e perfeito, tanto quanto possível em condição mortal, por meio daqueles toques

substanciais de divina união de que acabamos de falar. Veladamente e de maneira oculta às perturbações do demônio, dos sentidos e das paixões, foi a alma recebendo da Divindade esses toques, e por eles se foi purificando, como digo, sossegando e fortalecendo, ao mesmo tempo que se tornava apta a poder receber plenamente a divina união – o divino desposório entre a alma e o Filho de Deus. E assim, logo que estas duas casas da alma se pacificam de todo, e se fortalecem unidas, com todos os seus domésticos, isto é, as potências e apetites, sossegados no sono e no silêncio em relação às coisas do céu e da terra, imediatamente essa divina Sabedoria se une à alma com um novo laço de amorosa posse. Realiza-se, então, o que essa mesma Sabedoria nos diz: "Quando tudo repousava num profundo silêncio, e a noite estava no meio do seu curso, a tua palavra todo-poderosa, baixando lá do céu, dos teus reais assentos, de improviso saltou no meio da terra" (Sb 18,14-15). Isto mesmo nos é mostrado pela Esposa, nos Cantares, quando nos diz que, só depois de haver passado além dos guardas que lhe tiraram o manto, de noite, e a chagaram, encontrou o Bem-Amado de sua alma (Ct 3,4).

4. Não se pode chegar a tal união sem grande pureza, e esta pureza não se alcança sem grande desapego de toda coisa criada, e sem viva mortificação. Tudo isto é significado pelo despir do manto à Esposa, e pelas chagas que lhe foram feitas na noite, quando buscava e pretendia o Esposo: pois o novo manto do desposório ao qual aspirava não o podia a Esposa vestir, sem despir primeiro o velho. Quem recusar, portanto, sair na noite já referida para buscar o Amado, e não quiser ser despido de sua vontade nem mortificar-se, mas pretender achá-lo no seu próprio leito e comodidade, como fazia antes a Esposa, jamais chegará a encontrá-lo. Efetivamente, a alma aqui declara só o ter encontrado quando saiu às escuras, e com ânsias de amor.

❧ Capítulo XXV ❧
Explica-se a canção terceira.

Em noite tão ditosa,
E num segredo em que ninguém me via,
Nem eu olhava coisa,
Sem outra luz nem guia
Além da que no coração me ardia

EXPLICAÇÃO

1. Continuando ainda a metáfora e semelhança da noite natural nesta sua noite espiritual, a alma prossegue cantando e exaltando as boas propriedades que nela há, e diz como por meio dessa noite as alcançou e adquiriu, chegando com rapidez e segurança ao fim almejado. Destas propriedades, a alma designa aqui três.

2. A primeira, diz ela, é que, nesta ditosa noite contemplativa, Deus conduz a alma por tão solitário e secreto modo de contemplação, tão alheio e remoto do sentido, que coisa alguma sensível ou toque algum de criatura consegue atingi-la de maneira a poder jamais perturbá-la ou detê-la no caminho da união do amor.

3. A segunda propriedade expressa pela alma é esta: por causa das trevas da noite, em que todas as potências da parte superior estão às escuras, a mesma alma não repara, nem pode reparar, em coisa alguma; e, em consequência disso, em nada se detém fora de Deus, em sua ida para Ele; assim caminha livre dos obstáculos de formas e figuras, bem como das apreensões naturais que costumam impedir a alma de unir-se constantemente a Deus.

4. A terceira é a seguinte: embora a alma não se possa apoiar em qualquer luz particular do entendimento, nem a guia alguma exterior, de modo a receber satisfação neste caminho elevado – por motivo de ser privada de tudo em meio a estas escuras trevas –, contudo, o único amor que nela arde solicita-lhe continuamente o coração para o Amado. É este amor que move e guia então a alma, fazendo-a voar para seu Deus pelo caminho da solidão, sem ela saber como nem de que maneira.

Segue-se o verso:

Nesta noite ditosa.

Assim terminam quase todos os manuscritos, interrompendo-se, sem causa conhecida, o *Tratado da Noite Escura*. A falta de comentário às cinco últimas canções não se deve à morte de São João da Cruz, porque, depois de escrito o comentário das anteriores, viveu ele ainda muito tempo.

Clássicos da Espiritualidade

Confira outros títulos da coleção em

livrariavozes.com.br/colecoes/classicos-da-espiritualidade

ou pelo Qr Code